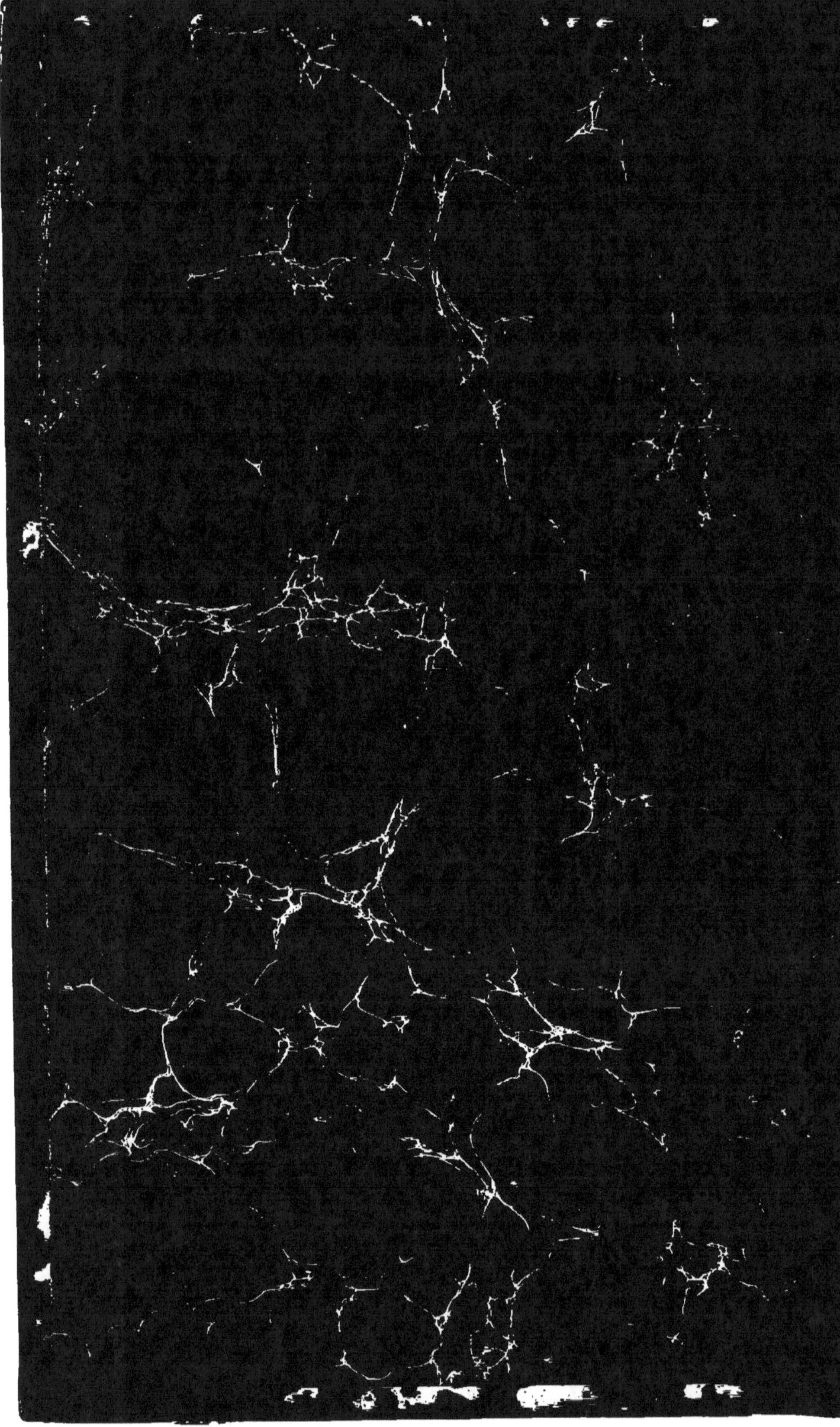

LETTRE

DE M. POUSSIELGUE,

ANCIEN ADMINISTRATEUR-GÉNÉRAL DES FINANCES DE L'ÉGYPTE,

ACCOMPAGNÉE

DE

PIÈCES JUSTIFICATIVES,

A M. THIERS,

AUTEUR DE L'HISTOIRE DU CONSULAT ET DE L'EMPIRE.

PARIS,

AU DÉPOT DES LOIS, CHEZ GUSTAVE PISSIN, LIBRAIRE,

PLACE SAINT-GERMAIN-L'AUXERROIS, N° 41.

1845.

(Les enfants de M. Poussielgue ont fait des recherches dans ses papiers d'Égypte qu'il laissa à Paris, il y a douze ans, lorsqu'il partit pour la Toscane ; ses souvenirs, malgré le long espace de temps qui s'est écoulé, se sont trouvés en parfaite concordance avec les documents écrits à l'époque même où les événements se sont passés. Quoique la réponse de M. Poussielgue porte un cachet de droiture et de vérité calme qui doit suffire pour convaincre tout esprit juste et impartial, ses enfants ont pensé que quelques Pièces authentiques à l'appui de cette Lettre, ne pourraient qu'y donner plus de poids. D'ailleurs ces pièces, en même temps qu'elles justifient M. Poussielgue des attaques dirigées contre lui dans l'ouvrage de M. Thiers, font apparaître sous leur véritable aspect la noble conduite de Kléber et les motifs qui l'ont fait agir ; elles sont ainsi naturellement une rectification historique des erreurs contenues dans le Livre V (2ᵉ vol.), et leur format, semblable à celui de l'*Histoire du Consulat et de l'Empire*, permettra de le joindre aux éditions déjà publiées, en attendant les éditions postérieures dans lesquelles, sans doute, l'historien s'empressera de rendre hommage à la vérité. Les originaux de ces pièces sont à Paris, chez Mᵉ Béguin-Billecoq, président de l'Ordre des avocats aux Conseils du Roi et à la Cour de Cassation, allié de la famille.)

Les enfants de M. Poussielgue prient ses amis de vouloir bien faire insérer, s'il est possible, sa lettre dans les journaux de leur département ; c'est un service qu'ils réclament de leur ancienne amitié pour leur père.

LETTRE

DE M. POUSSIELGUE,

ANCIEN ADMINISTRATEUR-GÉNÉRAL DES FINANCES DE L'ÉGYPTE,

A M. THIERS,

AUTEUR DE L'*HISTOIRE DU CONSULAT ET DE L'EMPIRE*.

La lettre ci-après répond au chapitre : HÉLIOPOLIS, tome II, qui contient les passages suivants :

Page 9 :

Sept. 1799.

« M. Poussielgue terminait son rapport par
» une calomnie : le général Bonaparte, en quit-
» tant l'Égypte, avait, disait-il, emporté 2 mil-
» lions. Il faut ajouter, pour compléter ce
» tableau, que M. Poussielgue avait été comblé
» des bienfaits du général Bonaparte. »

(*Voir*, sous le n° 3, le rapport de M. Poussielgue au Directoire, et la lettre, n° 4, au citoyen Merlin.)

Page 22 :

Décemb. 1799.

Conditions apportées par Desaix.

« Desaix sut parfaitement se défendre, et fit
» valoir les conditions que son chef l'avait
» chargé de demander. Ces conditions, inac-
» ceptables de la part du commodore anglais,
» convenaient fort à Desaix, qui voulait gagner
» du temps ; elles étaient très mal calculées de
» la part de Kléber, car leur exagération ren-
» dait tout accord impossible. »

(*Voir*, sous le n° 16, la lettre de M. Poussielgue au 1ᵉʳ Consul : que le général en chef, le général Desaix et lui étaient d'accord pour proposer des conditions inacceptables, afin de gagner du temps.)

Page 32 :

<table>
<tr><td>Janvier 1800.

Desaix avant
de signer
en réfère à
Kléber.</td><td>« Le projet de convention était terminé, il
» ne restait plus qu'à le signer. Mais le noble
» cœur de Desaix était révolté de ce qu'on l'o-
» bligeait à faire. Avant de mettre son nom au
» bas d'un tel acte, il manda son aide-de-camp
» Savary, lui enjoignit de se rendre au quartier
» général de Salahieh, où se trouvait Kléber,
» de lui communiquer le projet de convention,
» et de lui déclarer qu'il ne signerait ce projet
» qu'après en avoir reçu de sa part l'ordre
» formel. »</td></tr>
</table>

(*Voir*, sous le n° 12, la lettre de Kléber à Desaix.)

Même page :

« Kléber qui sentait confusément sa faute,
» voulut, pour la couvrir, assembler un conseil
» de guerre, où furent appelés tous les géné-
» raux de l'armée. »

(*Voir* le *post-scriptum* de la lettre n° 15.)

<table>
<tr><td>Conseil
de guerre.</td><td>« Le conseil fut assemblé le 21 janvier 1800
» (1er pluviôse an VIII). Le procès-verbal en
» existe encore. »</td></tr>
</table>

(Sous le n° 13, *voir*, exact et complet, ce procès-verbal, dont **M.** Thiers
n'a présenté qu'une analyse incomplète.)

Page 35 :

<table>
<tr><td>Janvier 1800.</td><td>« La chose faite, on commençait à en sentir
» la gravité. Desaix, revenu au camp, s'en ex-
» primait avec douleur, et ne dissimulait pas
» son profond chagrin d'avoir été choisi pour
» une telle mission, et forcé de la remplir par
» un ordre du général en chef. »</td></tr>
</table>

(La lettre n° 12 dément aussi ce passage.)

A M. THIERS,

AUTEUR DE L'*HISTOIRE DU CONSULAT ET DE L'EMPIRE*.

Pise, 4 mai 1845.

MONSIEUR,

Je suis bien vieux, j'ai quatre-vingt-deux ans. Dans ce long espace de temps, que d'événements se sont passés sous mes yeux ! J'ai appris à connaître les hommes et les choses ; j'ai acquis enfin ce que donne une longue expérience.

J'ai lu toutes vos œuvres, j'ai su les apprécier; au fond de ma retraite, je viens de lire encore votre dernier ouvrage. Je vous le dirai franchement, sans flatterie pour vos talents comme sans ressentiment pour ce qui m'est personnel (car on juge sainement des choses de la vie aux portes du tombeau), j'ai admiré la vivacité et la vérité de vos récits qui me reportaient aux lieux et aux temps où ils s'étaient passés sous mes yeux. Cependant, au milieu de tant d'exactitude, quelques erreurs importantes se sont glissées ; je viens les signaler à votre impartialité d'historien.

Je n'ai jamais écrit que le général Bonaparte avait emporté d'Egypte deux millions, je ne pouvais ni le dire, ni le penser : c'était impossible. A l'époque de son départ, il n'y avait pas de fonds en Egypte à la disposition de l'armée française ; toute solde était arriérée et il n'emporta *comme paiement de ses appointements* que quelques bijoux : un collier de perles fines et un diamant dans une boîte de cristal.

Le général Kléber et moi, nous envoyâmes nos deux rapports séparés. Le sien (n° 2) était un compte-rendu de l'état de l'armée ; le mien (n°s 3 et 4), de l'état des finances. Kléber fut au moment d'envoyer son rapport sans me le communiquer, je m'en plaignis à lui-même et j'insistai pour qu'il me le montrât, il m'en fit la lecture. Frappé des sentiments d'aigreur qu'il manifestait contre le général Bonaparte, je lui représentai fortement l'inconvenance d'une telle conduite, si contraire même à ses propres intérêts, puisque, blessant au vif le général Bonaparte, elle le disposerait fort mal, sans doute, à demander et à obtenir les secours dont l'armée avait tant besoin. J'obtins de lui le changement et l'adoucissement de plusieurs paragraphes.

J'étais cependant, moi-même, fort mécontent. Le général Bonaparte m'avait fait la promesse formelle qu'il me ramènerait en France avec lui. Je ne l'avais accompagné qu'à cette condition. Il avait

manqué à sa parole envers moi, et quelques traces
de mécontentement percèrent dans mon rapport.
Je le dis franchement, sans détours, parce que cela
devait être. Mais que, pour un sujet de plainte
personnelle, j'aie calomnié le général Bonaparte,
non, non, une telle bassesse me révoltait alors
comme aujourd'hui; je ne l'ai jamais ni adulé, ni
calomnié: lui-même le savait bien.

Je ne peux, depuis tant d'années que mes infir-
mités et mes souffrances m'ont obligé de m'exiler
de mon pays et que je n'ai plus mes papiers sous les
yeux, relever les inexactitudes des documents que
vous avez consultés. Mais voyez, Monsieur, les
journaux anglais de cette époque qui publièrent
nos dépêches : ce sont là vraiment les documents
authentiques, car il n'y eut pas alors de double
expédition : les dépêches adressées au Directoire et
confiées au cousin de Barras, furent prises par les
Anglais, et ne parvinrent à la connaissance du général Bonaparte qu'après avoir été imprimées et
publiées à Londres. Il en éprouva un vif ressentiment, non parce que je le chargeais de fausses
accusations, mais parce que ma relation était un
compte-rendu fidèle, exact, de la déplorable situation dans laquelle il nous avait laissés, tandis qu'il
voulait qu'on crût, qu'à son départ la colonie était
dans un état prospère. Mon rapport contenait des
faits évidents qui prouvaient malheureusement le
contraire ; il était impossible de les contester, et, en
effet, personne alors ne les contesta.

Du traité d'El-Arisch, qui était la fâcheuse conséquence de notre position, je ne dirai qu'un mot.
Je me suis toujours honoré d'y avoir coopéré

entre Kléber et Desaix, ces nobles rivaux que j'aimais et estimais tous deux, et que j'eus plus d'une fois le bonheur de réconcilier. Je vous demanderai de lire quelques pièces* qui prouvent la désastreuse situation de l'armée et la nécessité où nous étions de traiter. La brillante victoire d'Héliopolis n'atténue pas ces preuves; c'est un de ces succès de désespoir dont on voit plus d'un exemple dans l'histoire, et un général humain et expérimenté comme Kléber ne devait pas risquer l'anéantissement de son armée tant qu'une porte de salut lui était ouverte. Je ferai mettre aussi sous vos yeux une des lettres de Kléber (*Voy.* n° 15), dans laquelle il me remercie d'avoir contribué à conserver la vie à vingt mille Français.

A mon retour en France, plusieurs personnes, entre autres Lucien Bonaparte, alors ministre des affaires étrangères, et la princesse Élisa Baciocchi, me firent les instances les plus pressantes pour que je désavouasse mes lettres. Ce fut alors que je reconnus l'exactitude des dépêches publiées en Angleterre et envoyées au premier consul, en les comparant à mes papiers chez Lucien, avec lui et la princesse Élisa. Bonaparte, fortement blessé de l'effet que mes lettres avaient produit en Angleterre, me fit promettre les places les plus brillantes sur ma simple dénégation. Ma réponse à la princesse Élisa, à Lucien Bonaparte, à tous ceux qui m'en parlèrent, fut toujours la même, celle que devait faire tout homme d'honneur. J'étais désolé aussi que mes lettres fussent tombées entre les

---

* Voir toutes celles qui accompagnent cette Lettre.

mains des ennemis ; mais c'était là un malheur et non une faute. Ces lettres ne contenaient rien que de vrai, elles étaient de moi ; je ne renierai jamais ma signature à quelque prix que ce soit.

Napoléon, offensé de mon refus, ne voulut me donner aucun emploi, mais jamais il ne fit attaquer ni démentir une seule phrase de mes lettres. Si je l'avais calomnié, lui, au faîte du pouvoir, pourquoi ne m'aurait-il pas confondu?

Après neuf ans de disgrâce, ma femme me pria de consentir à ce qu'elle fît une démarche auprès de l'empereur pour obtenir une place pour moi ; je finis par lui donner mon adhésion, quoiqu'avec quelque répugnance. Cependant, l'empereur qui l'avait connue en Italie et qui savait combien elle était digne d'estime et de respect, l'accueillit aussi favorablement qu'elle méritait de l'être, et lui accorda sa demande.

Une place honorable me fut donnée, celle d'inspecteur général des finances. Voilà ce que j'ai reçu de l'empereur ; je l'acceptai de sa main comme la réparation d'une injustice ; mais du général Bonaparte, je n'ai jamais rien reçu, rien au monde. Il m'emmena en Égypte pour ainsi dire malgré moi, ce n'était pas là une faveur. J'avais déjà occupé des places honorables, j'avais été ministre des finances et chargé de plusieurs missions importantes ; j'avais alors une position faite. Quitter la France pour faire partie d'une expédition lointaine, c'était contre mes intérêts et ceux de ma famille, je le savais ; mais, malgré l'énergie que je possédais alors, je ne pus résister aux instances et à l'ascendant de cet homme si extraordinaire.

Vous le voyez, Monsieur, je n'ai pas été ingrat envers le général Bonaparte, car je n'ai reçu de lui aucun bienfait. Je ne l'ai pas calomnié, car, après que mes lettres ont été publiées, et il était alors à l'apogée de sa puissance et moi dans la disgrâce, pas une voix cependant ne s'est élevée pour me démentir. Je n'ai point signé une convention avilissante pour la France ; mais au contraire, j'ai mérité de mon pays en prenant part à un traité honorable qu'exigeaient impérieusement les circonstances et qui épargnait le sang français. Je vous demande donc une juste rectification de ces faits, non-seulement parce qu'ils attaquent une réputation que j'aime à laisser pure et intacte à mes enfants, mais encore parce que c'est une tache dans un ouvrage aussi supérieur que le vôtre.

Veuillez, Monsieur, recevoir l'assurance de ma considération distinguée.

Signé : POUSSIELGUE.

PIÈCES JUSTIFICATIVES.

PIÈCE Nº 1.

12 vendémiaire an VIII.

Le général en chef Kléber, au général de division Menou,
à Rosette.

L'on avait annoncé ici dans le public l'apparition de soixante voiles devant Alexandrie; n'en ayant point reçu de nouvelles, ni de vous, ni de l'ordonnateur de la marine, j'ai regardé ces bruits comme dénués de fondement.

Cependant, s'il paraissait en effet quelques bâtiments devant votre port, et que vous en reconnussiez d'anglais ou de russes, il faudra tout de suite entrer en pourparlers avec eux; les prisonniers anglais qui se trouvent à Alexandrie, et qu'on pourrait leur rendre sur-le-champ serviraient de prétexte, mais l'objet réel serait d'avoir des nouvelles de Malte, de l'Europe et de Bonaparte. Vous tâcherez d'avoir quelques journaux.

En même temps, et si le parlementaire était un homme de marque, il faudrait le sonder pour savoir si on est disposé en Europe à une pacification générale, et s'il n'y aurait pas moyen de provoquer cette pacification par un arrangement particulier pour ce pays-ci. Il faudrait sur cela le laisser jaser tant qu'il voudrait, et, sans entrer dans aucun détail, faire en sorte qu'on m'envoie ici quelqu'un. Vous me tiendrez au courant de tout cela jour par jour, mon objet est de gagner du temps par tous les moyens imaginables, et chaque jour que je gagnerai doit être regardé comme une victoire.

Quelque chose que je fasse, je ne puis pas réunir 7,000 hommes pour marcher contre l'armée du grand-visir qui s'achemine, la division Regnier a laissé ici, avant son départ pour Belbeïs, 900 hommes hors d'état d'entrer en campagne, et qui pourtant étaient portés dans l'état des présents sous les armes. Il en sera de même de l'autre division. Les ophtalmies font des ravages affreux, et, pour me consoler, on m'a assuré hier que quatre officiers étaient morts de la peste à Alexandrie. Mandez-moi si cela est.

Signé : KLÉBER.

PIÈCE N° 2.

Kaire, 16 vendémiaire an VIII.

RAPPORT.

Le général en chef Kléber, au Directoire exécutif.

Le général en chef Bonaparte est parti pour France le 6 fructidor au matin, sans en avoir prévenu personne, il m'avait donné rendez-vous à Rosette le 7, je n'y ai trouvé que ses dépêches.

Dans l'incertitude si ce général a eu le bonheur de passer, je crois devoir vous envoyer copie, et de la lettre par laquelle il me donne le commandement de l'armée, et de celle qu'il adressa au grand-visir à Constantinople, quoiqu'il sût parfaitement que ce pacha était déjà arrivé à Damas.

Mon premier soin a été de prendre une connaissance exacte de la situation actuelle de l'armée.

Vous savez, Citoyens Directeurs, et vous êtes à même de vous faire représenter l'état de sa force, lors de son arrivée en Egypte; elle est réduite de moitié, et nous occupons tous les points capitaux du triangle immense des cataractes à El-Arisch, d'El-Arisch à Alexandrie et d'Alexandrie encore aux cataractes. Cependant, il ne s'agit plus aujourd'hui, comme autrefois, de lutter contre quelques hordes de mameloucks découragés, mais de combattre et de résister aux efforts réunis de trois grandes puissances, la Porte, les anglais et les russes.

Le dénuement d'armes, de poudre de guerre, de fer coulé et de plomb, présente un tableau tout aussi alarmant que la grande et subite diminution d'hommes dont je viens de parler; des essais de fonderie n'ont point réussi, la manufacture de poudre établie à l'île de Rhoda, n'a pas encore donné et ne donnera probablement pas le résultat qu'on se flattait d'en obtenir, enfin la réparation des armes à feu est lente et il faudrait, pour activer ces établissements, des moyens et des fonds que nous n'avons pas.

Les troupes sont nues, et cette absence de vêtements est d'autant plus fâcheuse, qu'il est reconnu que dans ce pays elle est une des causes les plus actives des dyssenteries et des ophtalmies qui sont les maladies constamment régnantes. La première surtout a agi puissamment cette année sur des corps affaiblis et épuisés par les fatigues. Les officiers de santé remarquent, et les rapports constatent que, quoique l'armée soit si considérablement diminuée, il y a cette année un nombre beaucoup plus grand de malades que l'année dernière à pareille époque.

Le général Bonaparte, avant son départ, avait, à la vérité, donné des ordres pour habiller l'armée en drap, mais pour cet objet, comme pour beaucoup d'autres, il s'en est tenu là, et la pénurie des finances qui est un nouvel obstacle à combattre, l'eût mis dans la nécessité, sans doute, d'ajourner l'exécution de cet utile projet.

Il faut en parler de cette pénurie:

Le général Bonaparte a épuisé les ressources extraordinaires, dès le premier mois de notre arrivée, il a levé autant de contributions de guerre que le pays en pouvait supporter. Revenir aujourd'hui à ces moyens, alors que nous sommes au dehors entourés d'ennemis, ce serait préparer un soulèvement à la première occasion favorable, et cependant Bonaparte à son départ n'a pas laissé un sou en caisse, ni aucun autre objet équivalent, il a laissé, au contraire, un arriéré de plus de dix millions: c'est plus que le revenu d'une année dans la circonstance; la solde arriérée, pour toute l'armée, se monte seule à quatre millions. L'inondation actuelle rend impossible le recouvrement de ce qui reste dû sur l'année qui vient d'expirer, et qui suffirait à peine pour la dépense d'un mois : ce ne sera donc qu'au mois de frimaire, que l'on pourra en recommencer la perception, et alors, il ne faut pas en douter, on ne pourra s'y livrer parce qu'il faudra combattre; enfin, le Nil étant cette année très-mauvais, plusieurs provinces, faute d'inondation offriront des non-valeurs auxquelles on ne pourra se dispenser d'avoir égard; tout ce que j'avance ici, Citoyens Directeurs, je puis le prouver et par des procès-verbaux et par des états certifiés des différents services.

Quoique l'Egypte soit tranquille en apparence, elle n'est rien moins que soumise, le peuple est inquiet et ne voit en nous, quelque chose que l'on puisse faire, que des ennemis de son prophète, son cœur est sans cesse ouvert à l'espoir d'un changement favorable.

Les mameloucks sont dispersés, mais il ne sont pas détruits; Mourad-Bey est toujours dans la Haute-Egypte avec assez de monde, pour occuper sans cesse une partie considérable de nos forces. Si on l'abandonnait un moment, sa troupe grossirait bien vite, et il viendrait nous inquiéter jusque dans cette capitale qui, malgré la plus grande surveillance, n'a cessé jusqu'à ce jour de lui procurer des secours en argent et en armes.

Ibrahim-Bey est à Gaza avec environ 2,000 mameloucks et je suis informé que 30,000 hommes de l'armée du grand-visir et de Djezzar-Pacha y sont arrivés. Le grand-visir est parti de Damas il y a environ 20 jours, il est actuellement campé auprès d'Acre; enfin les anglais sont maîtres de la mer Rouge et cherchent à former des établissements sur ses côtes orientales, déjà ils ont essayé de s'emparer de Kosseïr, s'ils y réussissaient, il n'y aurait plus lieu d'espérer de terminer la guerre dans la Haute-Egypte, chaque jour y verrait croître nos ennemis.

Telle est, Citoyens Directeurs, la situation dans laquelle le général Bonaparte m'a laissé l'énorme fardeau du commandement de l'armée d'Orient. Il voyait la crise fatale s'approcher. Vos ordres ne lui ont pas permis de la supporter. Que cette crise existe, ses lettres, ses instructions, sa négociation entamée en font foi; elle est de notoriété publique, et nos ennemis semblent aussi peu l'ignorer que les français qui se trouvent en Égypte.

« Si cette année (me dit le général Bonaparte), malgré toutes les pré-
» cautions, la peste est en Égypte et vous tuait plus de 1,500 soldats....
» je pense que vous ne devez point hasarder à soutenir la campagne
» prochaine, et que vous êtes autorisé à conclure la paix avec la
» Porte Ottomane, quand même l'évacuation de l'Égypte devrait être la
» condition principale. »

Je vous fais remarquer ce passage, Citoyens Directeurs, parce qu'il est caractéristique sous plus d'un rapport, mais qu'il indique surtout la situation réelle dans laquelle je me trouve. Que peuvent être 1,500 hommes de plus ou de moins dans l'immensité du terrain que j'ai à défendre, et où j'ai journellement à combattre?

Le général dit ailleurs : Alexandrie et El-Arisch, voilà les deux clefs de l'Égypte. El-Arisch est un méchant fort à quatre journées dans le désert : la grande difficulté de l'approvisionner ne permet pas d'y jeter une garnison de plus de 250 hommes; 600 mameloucks et arabes pourront, quand ils le voudront, intercepter sa communication avec Katieh, et comme, lors du départ de Bonaparte, cette garnison n'avait pas pour 15 jours de vivres en avance, il ne faudrait pas plus de temps pour l'obliger à se rendre sans coup férir. Les arabes seuls étaient dans le cas de faire des convois soutenus dans ces brûlants déserts; mais, d'un côté, ils ont été tant de fois trompés, que, loin de nous offrir leurs services, ils s'éloignent et se cachent; d'un autre côté, l'arrivée du grand-visir qui enflamme leur fanatisme et leur prodigue des dons, contribue tout autant à nous en faire abandonner. Il y a deux chemins pour arriver de la Syrie en Egypte, qui n'obligent nullement de passer par El-Arisch et sur lesquels l'on trouve de l'eau. L'un deux vient d'être reconnu.

Alexandrie n'est point une place, c'est un vaste camp retranché; il était, à la vérité, assez bien défendu par une nombreuse artillerie de siége, mais depuis que nous l'avons perdue cette artillerie dans la désastreuse campagne de Syrie, depuis que le général Bonaparte a retiré toutes les pièces de marine pour armer au complet les deux frégates avec lesquelles il est parti, ce camp ne peut plus offrir qu'une faible résistance.

Le général Bonaparte enfin s'est fait illusion sur l'effet que devait produire le succès qu'il a obtenu au poste d'Aboukir; il a en effet détruit la presque totalité des 9,000 turcs qui y avaient débarqué, mais qu'est-ce qu'une perte pareille pour une grande nation à laquelle on a ravi la plus belle portion de son empire, et à qui la religion, l'honneur et l'intérêt prescrivent également de se venger et de reconquérir ce qu'on avait pu lui enlever. Aussi cette victoire n'a-t-elle pas retardé un instant, ni les préparatifs ni la marche du grand-visir.

Dans cet état de choses, que puis-je et que dois-je faire? Je pense que c'est de continuer les négociations entamées par Bonaparte; quand elles ne donneraient d'autre résultat que celui de gagner du temps, j'aurais déjà lieu d'en être satisfait. Vous trouverez ci-jointe la lettre que j'écris en conséquence au grand-visir en lui envoyant le duplicata de celle de Bonaparte.

Si ce ministre répond à ces avances, je lui proposerai la restitution de l'Egypte aux conditions suivantes :

Le grand-seigneur y établirait un pacha comme par le passé, on lui abandonnerait le miri, que la Porte a toujours perçu de droit et jamais de fait ;

Le commerce serait ouvert réciproquement entre l'Egypte et la Syrie ;

Les français demeureraient dans le pays, occuperaient les places et les forts et percevraient tous les autres droits avec ceux des douanes jusqu'à ce que le gouvernement français ait conclu la paix avec l'Angleterre. Si ces conditions préliminaires et sommaires étaient acceptées, je croirais avoir fait pour la patrie plus qu'en obtenant la plus éclatante victoire; mais je doute qu'on veuille prêter l'oreille à ces propositions. Si l'orgueil des turcs ne s'y opposait pas, j'aurais à combattre l'influence de l'or des anglais. Dans tous les cas, je me guiderai d'après les circonstances.

Je connais toute l'importance de la possession de l'Egypte. Je disais en Europe qu'elle était pour la France le point d'appui par lequel elle pourrait remuer le système de commerce des quatre parties du monde; mais pour cela, il faut un puissant levier, ce levier, c'est la marine, la nôtre a existé; depuis lors tout a changé, et la paix avec la Porte peut seule, ce me semble, nous offrir une voie honorable pour nous tirer d'une entreprise qui ne peut plus atteindre l'objet que l'on avait pu s'en proposer.

Je n'entrerai point, Citoyens Directeurs, dans les détails de toutes les combinaisons politiques et diplomatiques que la situation actuelle de l'Europe peut offrir, ils ne sont point de mon ressort dans la détresse où je me trouve, et, trop éloigné du centre des événements, je ne puis guère m'occuper que du salut et de l'honneur de l'armée que je commande, heureux si dans ma sollicitude je réussis à remplir vos vues; plus rapproché de vous, je mettrais toute ma gloire à vous obéir.

Je joins ici, Citoyens Directeurs, un état exact de ce qui nous manque en matériel pour l'artillerie et un tableau sommaire de la dette contractée et laissée par le général Bonaparte.

P. S. Au moment où je vous expédie cette lettre, Citoyens Directeurs, 14 voiles turques sont mouillées devant Damiette, en attendant la flotte du capitan-pacha, mouillée à Jaffa, et portant, dit-on, 15 à 20,000 hommes de débarquement. 15,000 hommes sont toujours réunis à Gaza, et le grand-visir s'achemine d'Acre. Il nous a renvoyé ces jours derniers, un soldat de la 25ᵉ demi-brigade fait prisonnier du côté d'El-Arisch. Après lui avoir fait voir tout le camp, il lui a intimé de dire à tous ses compagnons ce qu'il avait vu, et à leur général de trembler. Ceci paraît annoncer, ou la confiance que le grand-visir met dans ses forces, ou un désir de rapprochement. Quant à moi, il me sera de toute impossibilité de réunir plus de 5,000 hommes en état d'entrer en campagne ; nonobstant ce, je tenterai la fortune si je ne puis parvenir à gagner du temps par des négociations. Djezzar-Pacha a retiré ses troupes de Gaza, et les a fait revenir à Acre.

Signé : **Kléber.**

PIÉCE Nᵒ 3.

Au Kaire, le 17 vendémiaire an VIII.

Rapport.

E. Poussielgue, administrateur général des finances, au Directoire exécutif.

Citoyens Directeurs,

J'ai été chargé exclusivement, depuis l'arrivée de l'armée en Égypte, de l'administration des finances et des autres parties qui tiennent à l'économie politique de ce pays.

Je crois vous devoir, après le départ du général Bonaparte et dans la position critique où il nous laisse, un tableau abrégé mais fidèle des observations que j'ai recueillies, et des opinions politiques qui en sont le résultat.

Les voyageurs et les agents même du gouvernement français, qui ont été en Égypte, se sont tellement accordés dans les idées exagérées qu'ils ont données sur les richesses naturelles, et sur les trésors que renfermait cette contrée, que 15 mois de séjour, de recherches et d'expériences par un grand nombre d'hommes éclairés, n'ont pas encore totalement effacé ces fausses impressions.

On portait les revenus ordinaires, y compris les douanes, de 45 à 50 millions, on a même été jusqu'à 60 millions.

Il faut les réduire, en temps de paix, à 19 millions ; un commerce bien entendu et protégé les porterait à 20.

En temps de guerre, tel que celui où nous n'avons cessé d'être, les revenus ne peuvent excéder 12 à 13 millions.

L'abondance, en Égypte, dépend d'abord d'un bon Nil, ensuite de la distribution des eaux. Il faut, chaque année, que les canaux soient nettoyés, que les digues soient réparées, et que chacune d'elles ne soit coupée ni plus tôt, ni plus tard que l'intérêt commun ne l'exige.

Il s'en faut que la distribution des canaux et leur entretien soient portés ici au degré d'utilité qu'on espérerait trouver dans un pays dont la fertilité dépend uniquement de l'observation de ces deux points.

Lors même que le Nil est bon, un grand nombre de terres demeurent incultes, faute d'ordre dans la coupe des digues; mais quand le Nil est mauvais ou médiocre, le dommage est dix fois plus grand qu'il ne devrait l'être, parce que tous les villages, craignant de manquer d'eau, ceux qui sont les plus voisins du Nil se hâtent, avant le temps, de couper les digues, ce qui ne se fait pas sans combat contre les villages intéressés à s'y opposer, et, par ce procédé insensé, une grande partie des eaux déjà si rares, se perd sans utilité.

Mais quelqu'abondantes que soient les récoltes, elles ne peuvent, dans le système actuel, accroître les revenus du gouvernement, quoiqu'il soit lui-même propriétaire des deux tiers des terres de l'Égypte, tandis qu'un mauvais Nil diminue considérablement les revenus.

Le système de finances de l'Égypte est entièrement féodal.

Le paysan cultive à son profit, moyennant une redevance fixe qu'il paie en argent ou en nature au propriétaire.

Cette redevance se divise en trois espèces générales :

Le *miri* : c'est la contribution foncière due au grand-seigneur ; le propriétaire le perçoit et le paie ensuite aux effendis chargés d'en faire le recouvrement.

Le miri imposé sur les terres, monte à 3,000,000, suivant toutes les matrices de rôles que j'ai pu découvrir.

La deuxième espèce de redevance s'appelle *faïs* : c'est le sens ou revenu net affecté originairement au propriétaire. Il monte également pour toutes les propriétés, y compris celles du gouvernement, à 3,000,000 fr.

La troisième espèce s'appelle *barrani* ou *moudaf*, elle se compose : 1° d'un excédant de revenus imposé par le propriétaire par supplément au *faïs;* 2° des réquisitions extraordinaires de toutes espèces faites au village, soit en argent, soit en nature; 3° des dépenses causées par des passages de troupes ou par la présence du propriétaire; 4° de toutes les dépenses d'administration du village et de la province, fondations pieuses, etc.

Cette troisième espèce produit à tous les propriétaires de l'Égypte 6,400,000 fr.

Il y a enfin un produit de 1,300,000 fr. provenant des droits que les kachiefs percevaient à leur profit dans les provinces qu'ils gouvernaient.

Ainsi la totalité des revenus en argent que les cultivateurs des terres de l'Égypte supportent, non compris les vols immenses des cophtes qui les perçoivent, est de près de 14 millions.

Il faudrait en déduire 3,200,000 fr. pour le faïs et le barrani des propriétés qui n'appartiennent pas au gouvernement, et qui sont évaluées au tiers de l'Égypte. Il restera au gouvernement 10,800,000 fr.

On ne peut obtenir au-delà de cette somme qu'en faisant des avanies ou des exactions.

Il faut ajouter à ce revenu le faïs et le barrani qui se paient en nature, ce qui n'a lieu que dans les provinces de la Haute-Égypte. On estime cette redevance à 1,800,000 quintaux de toutes espèces de grains pour la portion qui revient au gouvernement, ce qui, équivalant à 1,000,000 de quintaux de froment pur à 3 fr. 10 s. prix moyen, donne une somme de 3,500,000 fr.

Il faut en déduire 850,000 fr. pour les frais de recouvrement et de transport qui reviennent à 17 sous par quintal, rendu au Kaire, reste à 2,650,000 fr.

En temps de paix, on estime les produits des douanes et des autres droits indirects à 6 millions environ.

La marque de la monnaie produit 750,000 fr.

Les revenus du gouvernement, en temps de paix, seraient donc de 19,200,000 francs.

Mais, dans l'état de guerre où nous sommes, les douanes et revenus indirects ne produiront pas plus de 1,500,000 fr.

Les grains de la Haute-Égypte qu'on ne peut vendre sur les lieux et qu'on n'a pas de moyens suffisants pour faire descendre, ne produiront pas plus d'un million.

Les décharges à accorder aux villages pour terrains non arrosés, monteront encore à plus d'un million et demi.

Il faudrait encore déduire une foule de charges et de pensions du pays qu'il a fallu conserver; les frais relatifs à la caravane de la Mecque qui ont été faits en partie l'an passé et qu'il faudra faire en totalité cette année; les dépenses des divans et des janissaires du pays. Toutes ces dépenses absorbent près de 3 millions.

On ne peut donc compter les revenus affectés à l'armée que pour 9 à 10 millions sur lesquels il ne reste qu'environ 2 millions à recouvrer d'ici à la fin de frimaire prochain.

Le général Bonaparte a levé dans les premiers mois de notre arrivée sur les différentes nations et sur les négociants environ 4 millions de de contributions extraordinaires, il a fait percevoir un droit des deux cinquièmes des revenus d'une année sur les propriétés foncières des particuliers qui a produit 1,200,000 liv.

Ces moyens sont usés : il n'y a plus de contributions extraordinaires à espérer dans un pays sans aucun commerce depuis quinze mois. L'argent des chrétiens est épuisé, on ne pourrait en demander aux turcs sans occasioner une révolte, et d'ailleurs on n'en obtiendrait pas. L'argent est enfoui, et les turcs, plus encore que les chrétiens, se laissent emprisonner, se laissent assommer de coups, et quelques-uns se sont laissé couper la tête plutôt que de découvrir leurs trésors.

Le recouvrement des revenus se commence : en frimaire, pour les pays cultivés en rizières; en pluviôse, pour ceux cultivés en blé et autres denrées, mais qui paient en argent; et en messidor, pour ceux qui paient en nature.

Les paysans tiennent plus encore à leur argent que les habitants des villes; ils ne paient qu'à la dernière extrémité et sou à sou; leur argent est caché, leurs denrées et leurs effets sont enfouis; ils savent qu'il faudra toujours finir par payer, et qu'en le faisant volontairement aux époques fixées, ils épargneraient des contraintes qui leur coûtent le double et qui les ruinent : ils aiment mieux attendre une colonne de troupe; s'ils la voient venir, ils s'enfuient avec leurs femmes, leurs enfants et leurs bestiaux, et l'on ne trouve plus que des cahutes abandonnées; s'ils croient être assez forts pour résister, ils se battent, et appellent les villages voisins et même les arabes à leur secours. Ils ont toujours des hommes à l'affût pour être avertis à temps de l'approche des troupes.

Quelquefois on peut attraper les chefs du village, on les emmène en prison où on les retient jusqu'à ce que le village ait payé, et ce moyen, qui est lent, ne réussit pas toujours. Si l'on parvient à leur enlever leurs chameaux, leurs buffles et leurs troupeaux, ils les laissent vendre au lieu de les racheter en s'acquittant, et s'exposent à mourir de faim en laissant leurs terres incultes l'année suivante.

Il faut donc avoir sans cesse dans chacune des 16 provinces de l'Egypte une colonne de 60, 80 ou 100 hommes uniquement employés à forcer les villages à payer, et souvent, après une tournée pénible, ils reviennent avec très peu de chose.

Il est facile d'imaginer toutes les exactions, les dégâts et les désordres qui accompagnent souvent leurs courses, quelque sévère que puisse être la discipline.

Un inconvénient très grave s'oppose aux recouvrements pendant les huit mois où l'Egypte n'est pas inondée, c'est le temps où les arabes peuvent faire leurs courses, où les descentes ont lieu, et où l'on est menacé d'être attaqué de tous les côtés. Il faut alors se battre tous les jours, et à peine une colonne a-t-elle entrepris une tournée qu'elle est forcée de rétrograder sur ses pas pour aller punir des villages révoltés, ou chasser des mameloucks et des arabes.

Le recouvrement des grains est encore plus difficile. Il faut également contraindre par la bayonnette, les villages à payer ceux qu'ils doivent; il faut les transporter dans des magasins sur les bords du Nil, il faut enfin les faire filer sur le Kaire.

Quand on a vaincu les deux premiers obstacles, il reste à vaincre le plus difficile, à cause du petit nombre de bateaux qu'on peut employer à ces transports, et parce qu'ils ne peuvent être faits que pendant les quatre mois où le Nil est navigable. Depuis notre arrivée, il a été détruit un très grand nombre de barques qui, faute de bois de chauffage, ont été brûlées. Elles n'ont pas été et ne pouvaient être remplacées; une partie de celles qui restent est sans cesse employée aux mouvements des troupes qui poursuivent Mourad-Bey.

L'année passée, il a fallu acheter comptant au Kaire pour la subsistance de l'armée, et malgré l'extrême pénurie d'argent, pour 300,000 fr. de blé, tandis que nous en avions pour plusieurs millions dans la Haute-Égypte.

Cette année-ci, les barques ont apporté exclusivement les grains du gouvernement; il en résulte un autre inconvénient, la ville du Kaire manque de blé et l'inquiétude du peuple pour sa subsistance a déjà causé quelque fermentation.

Malgré tous ces inconvénients, il y avait encore l'année passée du numéraire; le commerce de l'année précédente en avait apporté et, lors du départ du général Bonaparte, il était encore dû cependant plus de 10 millions à l'armée, dont 4 millions de solde.

Aujourd'hui, le numéraire disparaît totalement; on ne voit plus que des médins qui circulent avec une rapidité inconcevable. Cette monnaie n'a qu'un peu plus d'un tiers de la valeur intrinsèque des autres monnaies. Avant la guerre, on apportait beaucoup de piastres d'Espagne, et on emportait des médins; à présent les piastres se sont écoulées par le commerce du café avec l'Yemen, ou ont été fondues à la monnaie, en sorte qu'elles augmentent de valeur ainsi que les monnaies d'or en raison de leur rareté et de la plus grande abondance des médins; il en résulte le renchérissement des denrées et beaucoup d'entraves dans la circulation des espèces.

Par une suite semblable de la cessation du commerce, l'engorgement actuel de toutes les denrées de l'Égypte est un inconvénient bien plus grave; il achèvera de ruiner ce pays, car les villages devant toujours payer les mêmes sommes, et ne pouvant ni exporter, ni trouver à vendre leurs denrées, leurs habitants vont être réduits à la dernière misère, et l'armée, qui avait déjà tant de peine à avoir de l'argent quand il y en avait encore, va être bientôt dans l'impossibilité de s'en procurer.

La caisse de l'armée est constamment vide, et chaque mois, d'ici à quelque temps, on n'aura pas la perspective de recouvrer plus de 2 à 300,000 fr., tandis que les dépenses réglées montent à plus de 1,300,000 fr. par mois.

Le peuple égyptien, nonobstant ses fréquentes révoltes contre nous, peut passer pour un peuple très-doux, mais il est dissimulé, et il s'en faut de beaucoup qu'il nous aime, quoiqu'il ait été traité avec plus d'égards qu'on en ait jamais accordé à aucun peuple conquis.

La différence de mœurs, celle extrêmement importante de la langue et surtout la religion, sont des obstacles invincibles à toute affection sincère.

Les égyptiens détestent le gouvernement des mameloucks, ils craignent le joug de Constantinople, mais ils ne souffriront jamais le nôtre que dans l'attente de le secouer. Ils nous accorderaient seulement la préférence sur toutes les nations qu'ils appellent chrétiennes.

Nous avons partout ici autour de nous 10,000 ennemis cachés pour un ami apparent.

Nous avions réussi à entretenir une bonne intelligence avec le shérif de la Mecque, et les lettres qu'il avait écrites au général Bonaparte et à moi avaient tranquillisé un moment les consciences des musulmans d'Egypte, mais des espions qu'il a envoyés au Kaire depuis que le grand-visir est à Damas, donnent lieu de présumer qu'il a changé de dispositions à notre égard, et qu'en suivant les insinuations des anglais qui ont actuellement des forces dans la mer Rouge, il s'est rangé du côté de nos ennemis.

Nous avions 31,000 hommes sous les armes et bien portants à notre arrivée en Egypte; il n'y avait alors que les mameloucks et les arabes à combattre et cependant ils occupèrent exclusivement et chaque jour jusqu'à la fin de pluviôse, toute l'armée.

Aujourd'hui, les mameloucks, quoique dispersés, existent encore presque tous et peuvent, en un moment où l'armée serait occupée ailleurs, se réunir très-promptement. Ils n'ont perdu que quatre ou cinq sous-chefs; les principaux qui restent sont toujours puissants et ont du crédit.

Les arabes n'ont pas diminué de nombre, ils nous haïssent autant qu'à notre arrivée, et leur vie errante les empêche de nous craindre.

Quand nous sommes débarqués, les égyptiens ont cru, comme nous le leur disions, que c'était d'accord avec le grand-seigneur; ils se sont soumis avec plus de docilité. A présent ils sont bien convaincus du contraire, ceux qui paraissent nous servir se croient, par notre mensonge, autorisés à nous trahir; ils le feront à la première occasion, et déjà ils tressaillaient de plaisir lors du débarquement de messidor dernier à Aboukir.

Mais, quand à ces nombreux ennemis au milieu desquels nous vivons, viennent se réunir ceux du dehors; que le grand-visir même, avec les principaux officiers du grand-seigneur, rassemblent toutes les forces ottomanes pour nous attaquer sur divers points à la fois, par terre et par mer, et qu'il a pour auxiliaires les anglais et les russes; qu'il invite les grands et les peuples d'Egypte à la révolte; qu'enfin, le peu d'arabes qui nous étaient demeurés attachés nous abandonnent pour se joindre à lui, il est facile de concevoir que notre position devient désespérée.

L'ennemi perd une armée, il en refait une autre à l'instant ; il a été battu au mont Thabor ; deux mois après, il l'a été à Aboukir ; le même temps s'est écoulé, et il va encore se faire battre tout à l'heure à Salahieh ; mais chaque victoire nous coûte nos meilleurs soldats, et leur perte ne se répare pas. Un revers nous anéantirait tous, et, quelque brave que soit l'armée, elle ne pourra l'éviter encore bien longtemps.

La guerre nous a enlevé d'excellents officiers-généraux tels que le général Cafarelli, le général Dommartin, le général Bon, le général Rambault et le général Dupuis, presque tout le corps du génie, et une très grande partie des chefs de brigade d'infanterie et de cavalerie. Il est parti plusieurs généraux estimés, et le général Bonaparte en a emmené cinq avec lui.

L'armée, sans habits et surtout sans armes et sans munitions, réduite à moins des deux tiers en nombre, n'a pas plus de 11,000 hommes en état de marcher à l'ennemi, quoiqu'il paraisse y en avoir sous les armes environ 13 à 14,000 ; mais c'est que beaucoup de soldats, présents à l'appel, aiment mieux, malgré leurs blessures ou leurs maladies, faire le service au quartier que de demeurer dans les hôpitaux ou dans les dépôts ; lorsqu'il s'agit de faire une marche un peu longue et de combattre, on reconnaît leur invalidité forcée.

Les ophtalmies, les dyssenteries, les blessures, et d'autres maladies non moins communes ici, ont mis le reste de l'armée absolument hors de combat ; les hommes même qui peuvent marcher sont épuisés de fatigue, affaiblis par le climat, les blessures et les maladies qu'ils ont essuyées, et leur courage est diminué en proportion. Avec ce petit nombre d'hommes, il faut couvrir 500 lieues de superficie, contenir 3,000,000 d'habitants qui sont autant d'ennemis, garnir les places et les forts à Alexandrie, Rosette, Rahmanié, Gizeh, Benisouef, Médine, Miniet, Siout, Girgé, Kené, Kosseïr, le Kaire, Suez, Mitt, Kamar, Salahieh, Belbeïs, El-Arisch, Katieh, Damiette, Mansoura, Semenoud et Menouf. Si le grand-visir attaque, on ne pourra opposer plus de 5 à 6,000 hommes à toutes les forces ottomanes qui seront à ses ordres, et s'il fait une double attaque, il entrera dans le pays sans qu'on puisse l'en empêcher ; ce qui serait arrivé au général Bonaparte si, en même temps que les turcs faisaient un débarquement à Aboukir, ils eussent fait marcher l'armée de Syrie sur l'Égypte.

Dans trois mois, il faudra passer une seconde fois par l'épreuve funeste de la peste qui peut faire des ravages épouvantables. Cette perspective effrayante abat les courages les plus intrépides.

Pour comble de malheur, le Nil de cette année a été extrêmement mauvais, en ce qu'il s'est écoulé tout de suite sans que les terres aient eu le temps d'être successivement arrosées. Nous ne pourrons tirer aucune contribution des villages qui n'auront pas eu d'eau, et nous sommes menacés de la plus affreuse misère.

Il n'est pas un soldat, un officier, un général qui ne soupire après son retour en France, persuadés, comme ils le sont, qu'ils sacrifient ici, inutilement pour leur patrie, leur santé et leur vie.

Cependant d'après la situation où sont les affaires en France, et puisque depuis 15 mois il n'a pas été possible de nous envoyer des secours, nous ne devons plus en espérer d'assez prompts, surtout la saison favorable étant passée.

L'armée a vu avec plaisir le général Kléber avoir le commandement après le départ du général Bonaparte; personne ne pouvait lui inspirer plus d'estime et de confiance.

Mais il est plein d'honneur et de fierté, et plus la tâche qu'on lui a laissée est difficile, plus il craindra d'écouter des sentiments commandés par les circonstances et pour l'intérêt de l'armée, mais que par la suite on pourrait taxer de timidité.

N'ayant pas la même responsabilité, je ne crains pas, Citoyens Directeurs, d'exposer à vos yeux la vérité, et, telle que vous la lisez, vous la trouveriez bien affaiblie si les bornes d'une lettre permettaient d'entrer dans de plus grands détails.

L'Égypte est un superbe pays, notre situation n'est qu'un effet des circonstances, elle prouve seulement que nous y sommes venus trop tôt et qu'il n'est pas encore temps de nous y établir.

Il n'y a aucun doute que si nous étions les maîtres paisibles de l'Égypte, en peu d'années nous en ferions disparaître la plupart des fléaux qui la désolent, tels que la peste et les arabes, et que nous donnerions à l'agriculture et au commerce une vie nouvelle qui ramènerait ce pays à son ancienne splendeur. Ce serait la plus belle colonie de l'univers, qui deviendrait bientôt le régulateur du commerce du monde.

Mais l'Égypte est bornée par les deux mers et par des déserts.

Il faut avoir une marine puissante pour être maître d'y aborder, et surtout pour protéger son commerce et en obtenir tous les avantages qu'il promet.

La République française est actuellement sans marine, elle sera longtemps encore avant d'en avoir créé une qui puisse rivaliser avec celle de ses ennemis.

Vouloir conserver l'Egypte sans avoir aucun moyen d'y porter, d'y assurer des secours de toute espèce, c'est s'exposer à être forcé de l'abandonner à la Russie ou à l'Angleterre, qui, sous prétexte de nous en chasser, s'y établiraient, et dès lors s'y mettraient bientôt en état de nous en exclure pour toujours.

Nous pourrions encore nous y maintenir, si nous avions le consentement de la Porte, mais si l'on n'a pas cru pouvoir l'obtenir avant notre invasion, on le pourra bien moins aujourd'hui que la Porte s'est mise à la merci des russes et des anglais, et fût-elle, contre toute apparence, disposée par des considérations politiques, à nous laisser occuper l'Egypte provisoirement, jamais les anglais ne le lui permettraient.

Quand l'expédition d'Egypte a eu lieu, nous étions en paix sur le continent, nous avions encore un reste de marine dans la Méditerranée, nous possédions toute l'Italie, Corfou et Malte, on pouvait espérer d'obtenir le consentement au moins tacite du grand-seigneur et on serait arrivé au but que l'on se proposait contre les anglais, car je pense avec tout le monde qu'il s'agissait en les faisant trembler pour leurs possessions de l'Inde, de les forcer à une paix avantageuse pour la République, en faisant de l'évacuation de l'Egypte un objet de compensation pour les restitutions que nous leur demanderions.

Mais la bataille navale d'Aboukir a tout renversé : elle a détruit notre marine, elle nous a empêchés de recevoir le reste des forces qui nous étaient destinées, elle a laissé à nos ennemis le champ libre pour nous faire déclarer la guerre par la Porte; elle a rallumé celle qui était mal éteinte avec l'empereur d'Allemagne, elle a ouvert la Méditerranée aux russes et les a portés sur nos frontières; elle nous a fait bientôt perdre l'Italie et les belles possessions dans l'Adriatique que nous avions dues aux heureuses campagnes d'Italie; enfin elle a fait à l'instant avorter tous nos projets, puisqu'il n'a plus fallu, depuis, songer à inquiéter les anglais dans les Indes. Le peuple d'Egypte que nous avions dû considérer comme ami, comme allié, devenait subitement notre ennemi, et environnés entièrement par les musulmans, nous nous trouvions réduits à une défensive difficile, sans plus entrevoir aucun but d'utilité.

Aujourd'hui, il ne faut plus espérer d'obtenir que les anglais prennent en considération dans un traité de paix l'évacution de l'Egypte. Ils savent d'abord l'état de faiblesse et de dénuement où nous y sommes réduits, ce qui nous met dans l'impossibilité de rien tenter contre eux; ils savent que quand même nous recevrions des secours, ce qu'ils empêcheront de tous leurs moyens, nous n'en serions pas plus avancés, tant que nous aurons à combattre les musulmans, et ils sont assurés que la Porte ne fera pas la paix sans leur consentement ou sans que la condition préliminaire pour cesser la guerre, ne soit l'évacuation de l'Egypte.

Ainsi notre but est manqué, sous ce rapport qu'il ne peut plus concerner les anglais, et que, soit à titre de conquête, soit à titre de colonie, nous ne pouvons plus conserver l'Egypte.

Mais il y a plus, c'est que si nous tardons à traiter, nous sommes dans un tel état de faiblesse, que nous ne serons plus à temps de le faire, et que le reste de l'armée périra, ou qu'il faudra évacuer sans conditions, tandis qu'on peut encore faire de cette évacuation le prix du rétablissement de la paix avec l'empire Ottoman et avec les puissances barbaresques, resserrer nos anciennes liaisons avec la Porte et reprendre dans le Levant le commerce exclusif dont nous y jouissions.

Ce traité, auquel les anglais ne peuvent être étrangers, préparerait la paix qu'il est temps enfin de faire avec eux; il amènerait infailliblement une déclaration de guerre de la Russie à la Porte et opérerait une heureuse diversion dans nos affaires d'Europe. Nous pourrions espérer de reprendre ce que nous avons perdu dans la Méditerranée.

Cette opinion me paraît d'autant plus fondée que les anglais ne peuvent voir sans quelqu'inquiétude et sans une secrète jalousie les progrès des russes bien plus dangereux pour eux que notre puissance continentale, aujourd'hui que notre marine est détruite et que nous avons perdu nos conquêtes maritimes.

Le seul événement qui pourrait nous permettre de conserver l'Egypte, ce serait une prompte déclaration de guerre des russes à la Porte, toutes les forces ottomanes qui se portent ici voleraient bien vite à la défense du centre de l'empire; le grand-seigneur consentirait alors à la paix aux conditions qui nous conviendraient.

Mais il est probable qu'à moins d'un traité d'alliance entre la République française et la Russie, qui pourrait un moment nous être utile, mais qui serait impolitique, cette dernière puissance attendra que la Porte Ottomane ait fait la paix avec nous pour lui déclarer la guerre, car, en nous battant avec la Porte, nous usons ses forces et ses moyens; c'est travailler pour la Russie qui, de son côté, ne pouvant faire la guerre à la Porte sans lui faire aussitôt conclure la paix avec nous, va au même but de détruire cette puissance en faisant la guerre aux français qu'elle sait être son seul appui.

On regarde aujourd'hui l'empire Ottoman comme un vieil édifice près de s'écrouler, les puissances de l'Europe s'apprêtent depuis longtemps à s'en partager les lambeaux, et plusieurs politiques croient cet événement très prochain. Dans cette hypothèse, il est convenable, pensent-ils, que la France ait sa part de la dépouille, et l'Egypte est son lot.

Si cette ruine de l'empire Ottoman, qui n'est rien moins que sûre, quand on considère combien elle amènerait de discussions et d'oppositions entre les grandes puissances de l'Europe, même entre celles qui se seraient combinées pour cet objet, quand on considère encore qu'il sera éternellement de l'intérêt de la France et de l'Angleterre, de la Prusse et même de l'empereur de s'y opposer; si cette ruine, dis-je, finissait par se consommer, la France serait toujours à temps d'avoir l'Egypte; d'ailleurs les français y seraient appelés par les turcs même quand ceux-ci se verraient menacés par les russes qu'ils haïssent mortellement.

La France est un si beau pays, les français sont si puissants par leur nombre, par leurs richesses et par leur position à l'égard des autres puissances, qu'ils ne peuvent rien gagner à un bouleversement de l'Europe, tandis que ce bouleversement peut créer une nouvelle puissance dominante qui lui enlèverait tous ses avantages dans la Méditerranée.

En me résumant, Citoyens Directeurs, je conclus que nous sommes trop éloignés, et que les événements se pressent trop, pour qu'il soit possible d'attendre vos ordres avant de prendre un parti, à moins de compromettre les intérêts de la République, la sûreté et la gloire du reste de l'armée;

Qu'infailliblement, il faudra évacuer l'Egypte, en rétablissant, à ce prix, la paix et tous nos anciens rapports avec les ottomans et les barbaresques;

Que tout ce que vous avez à espérer maintenant, quelles que soient vos vues sur l'Egypte, c'est, dans la disposition où est le général Kléber, que l'évacuation soit retardée le plus possible par les lenteurs qu'il cherchera à apporter dans les négociations, si l'on à le bonheur de négocier;

Qu'enfin, si l'évacuation a lieu sans qu'on puisse attendre vos ordres, c'est qu'elle aura été inévitable et que, dans l'ignorance où nous sommes ici de la véritable situation de la France et de l'Europe, cette évacuation se trouve commandée par la prudence et d'accord avec nos intérêts politiques.

Salut et respect.

Signé : POUSSIELGUE.

PIÈCE Nº 4.

Au Kaire, le 19 vendémiaire an VIII.

Poussielgue, administrateur général des finances de l'Égypte, au citoyen Merlin, membre du Directoire exécutif.

CITOYEN DIRECTEUR,

J'adresse au Directoire exécutif une lettre qui contient quelques détails abrégés sur notre situation. Elle ne renferme pas un mot qui ne soit vrai, pas un mot qui soit exagéré. Nous sommes réduits au désespoir par la pénurie des finances qui est au-delà de tout ce qu'on peut imaginer.

Il ne peut exister une position plus embarrassante que celle où se trouve le général Kléber. Sans nouvelles de France ni d'Europe, sans avoir d'instructions, sans connaître ni quelles sont vos intentions sur l'Égypte, ni vos rapports actuels avec les autres puissances, enfin ne sachant ni comment il pourra résister au déluge d'ennemis qui nous menacent, et déjà nous cernent de toutes parts, ni par quel moyen il pourra sortir avec honneur de cette crise en sauvant le reste de l'armée.

L'armée du grand-visir qui nous menace est de plus de 50,000 hommes dont une partie est déjà à Gaza. Il y a 18 voiles turques mouillées depuis

15 jours devant Damiette; 6 vaisseaux anglais et quatre bâtiments qu'on croit chargés de troupes viennent de paraître dans la mer Rouge, à la hauteur de Suez.

Les flottes anglaises, russes et turques sont en Chypre où elles attendent encore quelques bâtiments pour venir faire un débarquement ou attaquer Alexandrie. Si elles s'entendent pour combiner leur descente avec l'attaque par la Syrie, il nous restera tout au plus la ressource de capituler.

L'effendi, envoyé au grand-visir par le général Bonaparte, est de retour depuis hier. La réponse insolente dont il est porteur, ne laisse entrevoir aucun moyen de négocier honorablement avec les turcs. L'armée, je le vois, sera réduite à prendre conseil uniquement de son courage et de sa bravoure. Si elle est encore heureuse, les affaires deviendront peut-être plus faciles après une victoire; dans le cas de malheur, l'honneur de l'armée sera de traiter avec les européens.

J'ignore les rapports qui auront pu être faits au Directoire sur l'Égypte. Je connais des hommes de mérite qui ont mis l'enthousiasme à la place de la raison, et qui, n'étant plus aujourd'hui en Égypte, sentent beaucoup moins encore qu'auparavant l'inutilité et le danger des efforts qu'on ferait pour y rester.

Vous pouvez, Citoyen Directeur, partir des données que je vous envoie comme des seules qui soient vraies. A mon retour en France, j'en remettrai toutes les pièces justificatives sous les yeux du Directoire.

Salut et respect,

Signé : POUSSIELGUE.

PIÈCE Nº 5.

20 vendémiaire an VIII.

Le général en chef Kléber au Directoire exécutif.

L'effendi m'ayant demandé hier matin une réponse par écrit à la lettre du grand-visir, je lui ai dit que des français ne répondaient à de pareilles missives qu'avec le canon et la pointe de leurs bayonnettes; que j'attendrai, que je verrai cette armée formidable au sortir du désert, et que là le visir apprendra à connaître à son tour ce que peuvent des hommes à qui dix années de guerre et de succès, ont donné l'habitude de vaincre. Comme j'ai prononcé ces mots avec la plus grande véhémence, l'effendi et le pacha Moustapha présents m'ont aussitôt conjuré de me calmer en m'assurant : « que tout ce que les expressions de cette lettre du grand-

» visir pouvaient avoir d'âpre et d'offusquant, était plutôt dirigé contre
» la personne de Bonaparte, que l'on regardait comme le seul auteur de
» l'invasion injuste de l'Égypte, que contre les français en général; que
» personne plus que le grand-visir n'honorait et ne chérissait les fran-
» çais, que personne plus que lui ne savait apprécier leur valeur; mais,
» ajouta l'effendi, prenez en considération la situation où se trouve la
» sublime Porte, et prononcez s'il lui reste autre chose à faire qu'à vous
» combattre, à présent surtout qu'elle est livrée à ses plus cruels ennemis.»
On convint alors qu'on ajournerait jusqu'au lendemain la discussion des
intérêts respectifs et généraux des deux puissances, et on se sépara.

Aujourd'hui, l'effendi et Moustapha-Pacha, prisonnier à qui j'ai donné la
permission de l'accompagner, se sont rendus chez moi, où j'avais aussi
appelé le citoyen Poussielgue administrateur général des finances: on
ouvrit la discussion, le citoyen Poussielgue fut chargé de tenir note de la
conférence, elle fut calme et imposante. Toujours d'accord sur les points
principaux, les moyens d'exécution ont seuls donné lieu à quelque contro-
verse. Ci-joint copie des notes; comme elles contiennent en substance
tout ce qui a été dit et conclu, je n'ajouterai ici que mon vœu sincère
pour le succès de cette négociation, qui me paraît être aussi conforme aux
intérêts généraux de la République qu'à l'intérêt particulier de l'armée
que je commande. L'effendi partira demain.

Signé : KLÉBER.

PIÈCE Nº **6.**

Du quartier général de Jaffa. *Sans date.*

**Traduction de la réponse du grand-visir, à la lettre du général Kléber, en date du
22 vendémiaire, dont Mouhamet-Rouschid-Effendi fut porteur, ainsi que des notes
résultantes de la conférence tenue le 22 du même mois, arrivées au Kaire le 18 brumaire, apportées par un tartare.**

*Au modèle des princes de la nation du Messie, au soutien des
grands de la secte de Jésus, à l'honoré et estimé général français
Kléber, dont la fin soit heureuse, Salut et amitié.*

J'ai reçu et j'ai compris le contenu et les raisons de la note que vous
m'avez envoyée par Mouhamet-Rouschid-Effendi, en réponse à celle que
j'avais expédiée à Bonaparte par ledit effendi, pour répondre à la lettre
qu'il m'avait écrite et dont ledit effendi était porteur.

J'ai réprimandé Mouhamet-Rouschid-Effendi d'avoir parlé et de s'être mêlé, contre ma volonté et sans aucun ordre, d'une affaire de laquelle il n'était nullement chargé et pour avoir par là manqué au service de la sublime Porte.

Quant à ce qui regarde les propositions de la paix que vous requérez, si le but de vos désirs est de la rétablir entre la sublime Porte et la République française, je vous réitère qu'il est de toute impossibilité de la traiter en Egypte; si, au contraire, vous ne désirez par là que de sortir avec sûreté de ce pays, et de retourner paisiblement d'où vous êtes venus, je vous répète que je prendrai sur moi de vous faire embarquer, vous et les autres français avec leurs armes, sur vos bâtiments et sur une partie de ceux composant la flotte impériale, me rendant garant de votre paisible retour dans votre pays, sans que vous souffriez aucun dommage de qui que ce soit. Voilà ce que j'ai écrit clairement à Bonaparte, et voilà ce que je vous écris aussi, n'ayant pas d'autre réponse à vous faire à cet égard.

Ainsi, n'étant pas possible de faire la paix en Egypte, si vous voulez retourner en sûreté et paisiblement dans votre pays, vous voyez que je ne cesse pas de vous le garantir, et ce sera très bien; que, si vous n'y adhérez pas, il est superflu de vous dire, qu'étant déjà avec mon quartier général à Jaffa et m'approchant de jour en jour de l'Egypte, il me sera facile, s'il plaît au Très-Haut, de m'en emparer et de la délivrer de vive force. Vous savez très bien tout cela, puisque vous êtes intelligent, ainsi qu'on le voit par vos actions et par vos procédés.

Vous êtes doué de prudence et de sagesse, et vous devez comprendre que les conférences de paix ne pourront jamais être établies en Egypte, si l'on veut se conformer aux règles et aux institutions des gouvernements; c'est pour vous faire part de tout cela que je vous ai écrit cette lettre amicale expédiée par Moussa, tartare. Quand vous l'aurez reçue, et que vous en aurez bien compris le contenu, veuillez bien vous hâter d'accomplir ce que la connaissance et l'amitié exigent.

Signé : Jousseph.

PIÈCE Nº 7.

19 brumaire an VIII.

Le général en chef Kléber, au grand-visir.

Je reçois la lettre que votre excellence m'a expédiée par un tartare, au sujet des notes dont Mouhamet-Rouschid-Effendi était porteur.

Si le gouvernement français m'avait chargé de m'emparer de l'Egypte et de la défendre à outrance contre quiconque voudrait me forcer à l'abandonner, j'aurais obéi, et, au lieu de faire des démarches toujours honorables quand il s'agit de terminer une guerre impolitique et sans objet, j'aurais suivi dans les combats la gloire, compagne fidèle de l'armée que je commande, jusqu'à ce que j'eusse reçu de nouveaux ordres.

Mais, comme je l'ai fait connaître à votre excellence, il a toujours été constant pour moi que jamais la République française n'avait voulu faire la guerre à la sublime Porte; les changements qui ont eu lieu dernièrement dans le gouvernement français, les causes qui les ont amenés, les opinions qui ont été manifestées sur l'expédition d'Egypte, annoncent un désir unanime de rétablir la paix avec l'empire Ottoman.

C'est à ce désir que j'ai cédé en faisant auprès de votre excellence toutes les avances convenables.

J'ai offert d'évacuer l'Egypte, je ne crois pas que la guerre que nous nous faisons puisse avoir un autre objet, cette évacuation doit donc être le prix de la paix, au moins entre les deux puissances, si elle ne peut l'être pour toute l'Europe. Qu'elle ne puisse se traiter ni se conclure en Egypte, j'en demeurerai d'accord, mais que votre altesse considère l'évacuation de l'Egypte comme un préliminaire absolu à toute espèce de négociations, c'est un principe sur lequel il lui sera facile de revenir, quand elle aura réfléchi de nouveau aux véritables intérêts de la sublime Porte, elle sentira quelle serait sa responsabilité personnelle, si elle attendait du sort incertain des combats un succès qu'elle peut obtenir sur-le-champ sans courir aucune chance funeste.

Mais enfin quels que soient les désirs de votre excellence, et quand même il ne s'agirait que de l'évacuation pure et simple de l'Egypte, il est indispensable de s'entendre, et j'insiste d'autant plus pour établir des conférences à ce sujet, que je donnerai à mes délégués des instructions telles, qu'ils ne se sépareront pas de vous sans avoir terminé à la satisfaction de la sublime Porte et à celle de votre excellence.

Je l'engage de nouveau à m'envoyer trois ou quatre sauf-conduits en blanc et à me désigner le lieu où devront se rendre mes envoyés.

Si, contre mon espérance, je fais en vain pour la paix tout ce que les intérêts de mon pays et de l'humanité me commandent, je serai au moins justifié de tout le sang qui va encore se répandre, et la postérité saura en faire rejaillir le blâme sur ceux qui l'auront mérité.

Je prie votre excellence de croire à la haute considération que j'ai pour elle.

Signé : Kléber.

25 brumaire an VIII.

Le général en chef Kléber, au Directoire exécutif.

Vous trouverez ci-joint un paquet en duplicata de celui que j'ai eu l'honneur de vous expédier par le citoyen Barras, monté à bord du bâtiment de commerce la *Marianne*, et sorti du port d'Alexandrie le 14 de ce mois; quoique 7 bâtiments ennemis parmi lesquels se trouvait le *Thésée*, vaisseau anglais, croisassent alors devant ce port, j'ai tout lieu de croire qu'il aura passé heureusement.

Par ma correspondance avec le grand-visir et le commodore anglais, sir Sidney Smith, dont je vous envoie copie, vous verrez, Citoyens Directeurs, que mes négociations ne prennent nullement la tournure que je désirerais en obtenir; gagner du temps, afin de vous donner celui nécessaire pour me faire passer vos ordres, est désormais tout le résultat que j'ose m'en promettre, car je ne compte plus sur aucun secours ni renfort depuis que j'ai vu dans les papiers publics, que les ennemis m'ont fait passer, que notre escadre était sortie de Toulon, avait repassé avec la flotte espagnole le détroit de Gibraltar pour rentrer les uns à Cadix, et les autres à Brest.

J'ai eu à la vérité plus de succès par les armes que par ma correspondance, ainsi que vous le verrez par ma relation du 10 de ce mois; mais cette victoire, en faisant mordre la poussière à près de 3,000 turcs, nous a enlevé 22 hommes et mis hors de combat près de 100. Peut-on d'ailleurs se réjouir de la défaite d'un ennemi qui, dans la bonne politique, devrait, ce me semble, être notre allié.

Enfin, Citoyens Directeurs, je vous prie de considérer que ma situation empire de jour en jour, que les hôpitaux seuls m'enlèvent près de 300 hommes par mois, et que la peste est encore dans ce moment à Alexandrie; que toutes les circonstances concourent à la fois à me précipiter vers le terme fatal que le général Bonaparte avait prévu, mais qu'il a voulu éviter. Si, d'ici à deux mois, je ne reçois point de vos nouvelles, ne comptez plus sur l'Egypte, à moins d'un de ces événements extraordinaires que la sagesse ne doit point admettre dans ses calculs.

Signé : KLÉBER.

PIÈCE N° **9.**

Kaire, 30 brumaire an VIII.

Le citoyen Poussielgue, au citoyen Sièyes.

CITOYEN DIRECTEUR,

J'ai écrit au Directoire exécutif le 17 vendémiaire dernier sur notre situation en Egypte. Je n'ai rien exagéré. Notre embarras naît principalement de l'extrême pénurie des finances; elle est aujourd'hui au delà de toute expression. Il ne reste plus que des moyens violents à employer pour avoir un peu d'argent. Ils ne sont pas sans danger; et, s'ils réussissent, ce sera une ressource bientôt épuisée.

Cependant l'ennemi ne paraît pas disposé à négocier, même à des conditions qu'il devrait considérer comme très avantageuses. Il paraît se disposer à passer le désert et nous espérons tous, malgré notre faiblesse, qu'il sera battu. Il sera sans doute plus raisonnable après, pour écouter des propositions honorables pour l'armée française, et avantageuses pour la Porte Ottomane.

Il est de notre intérêt de traiter pendant que nous pouvons encore faire des conditions auxquelles il faudra toujours arriver, si nous sommes heureux.

Tandis qu'un revers, la peste, un accident, peut en un instant nous livrer à la discrétion de nos ennemis.

Le général Kléber a jugé parfaitement, et en homme mûr, cette position critique. Il a assez de courage, de philosophie, et de patriotisme pour sacrifier son amour-propre et ses inclinations personnelles aux conseils que sa sagesse lui dicte. Puisse le Directoire exécutif n'entendre jamais que la vérité sur cette malheureuse expédition.

Salut et respect.

Signé : POUSSIELGUE.

PIÈCE N° **10.**

5 frimaire an VIII.

Le général en chef Kléber, au Directoire exécutif.

Depuis le départ de Bonaparte je vous ai expédié deux courriers pour vous faire connaître la situation dans laquelle ce général a laissé l'Egypte, tant au dedans qu'au dehors.

Le citoyen Barras portait mes premières dépêches; il est sorti du port d'Alexandrie le 13 brumaire dernier; le chef de brigade Grosbert est chargé des secondes avec duplicata des précédentes, il doit appareiller au moment où je vous écrit.

Celle-ci, Citoyens Directeurs, n'est que pour vous prévenir qu'il est plus que probable que dans deux mois l'Egypte sera retournée au pouvoir de la Porte, soit par la voie des négociations, soit par le sort des armes, encore dois-je supposer que je serai victorieux, car vaincu il n'est point de salut pour l'armée.

Si Bonaparte est arrivé en France dans une circonstance où son intérêt ne lui commande point de trahir la vérité, si les dépêches que je vous ai expédiées vous sont parvenues, vous vous attendiez, Citoyens Directeurs, à l'événement que je vous annonce; dans le cas contraire, votre justice vous fera suspendre votre jugement sur ma conduite jusqu'à ce que je puisse me faire entendre.

Signé : KLÉBER.

PIÈCE N° 11.

10 frimaire an VIII.

Le général en chef Kléber, au grand-visir.

J'ai reçu la lettre que votre excellence m'a écrite il y a huit jours, avec la copie de ce qu'elle a fait remettre à mon envoyé, dont je n'ai pas encore de nouvelles.

J'attends son retour pour envoyer mes délégués, et entamer enfin les conférences qui doivent rétablir l'antique amitié interrompue un moment entre la France et la sublime Porte.

Mes intentions à cet égard sont aussi pures qu'invariables.

Quant à ce que votre excellence me dit concernant l'armée qui se trouve maintenant sous ses ordres à Jaffa, je me bornerai à lui observer qu'il n'a pu entrer dans sa pensée, non plus que dans celle des alliés de la sublime Porte, que la crainte ait pu en aucune manière influencer me démarches. Mes vues s'étendent au delà d'un succès, et j'attache infiniment plus de gloire d'avoir contribué à des rapprochements qui doivent ramener la sublime Porte à ses véritables intérêts inséparables de ceux de la France, qu'aux plus brillantes victoires; ne faisons donc plus le dénombrement de nos forces que lorsqu'il s'agira de les déployer contre des ennemis réels.

Votre excellence n'avait pas non plus besoin de me recommander de ne rien stipuler dans les conférences qui ne soit conforme à la dignité de la sublime Porte ; s'il naît quelques difficultés de ma part dans les conférences, ce ne sera que quand, dans les conditions proposées, je ne trouverais pas les intérêts de l'empire Ottoman et son intégrité suffisamment assurés. J'aurais voulu n'avoir à traiter qu'avec votre excellence et nous eussions été bientôt d'accord ; mais, puisque les circonstances en décident autrement, il faut s'y soumettre.

Moustapha-Pacha, notre honoré ami, ne s'est employé dans cette affaire que par amour pour son pays, et par attachement pour votre personne. Il savait, ainsi que moi, qu'étant prisonnier, il ne pouvait ni parler ni agir officiellement. Faciliter mes moyens de correspondance avec votre excellence est tout ce qu'il a osé entreprendre, et il aura, j'espère, sans cesse à s'en féliciter.

Je prie votre excellence de croire à l'amitié sincère et à la haute considération que j'ai pour elle.

Signé : KLÉBER.

PIÈCE Nº **12.**

12 frimaire an VIII.

Le général Kléber, au Directoire exécutif.

Le grand-visir vient de consentir à des conférences, mais il charge le commodore Sidney Smith de stipuler les intérêts de la Porte aussi bien que ceux de l'Angleterre et de la Russie. Loin de me contrarier, cette mesure me mettra à même de tenir la main haute et de proposer des conditions plus difficiles. D'un autre côté, je n'ai plus rien à craindre sur les côtes d'ici au printemps prochain, et l'armée du visir, campée dans les plaines humides de Jaffa et de Gaza, achèvera de se décourager par la misère et les maladies. Je suis donc arrivé à peu près à mon but, de gagner du temps pour vous mettre à même de me faire connaître vos intentions et me donner vos ordres. Mais je vous déclare que, sans renfort, je serai hors d'état de commencer la campagne prochaine, surtout si je suis obligé d'accepter la bataille sur les frontières de la Syrie, comme cela pourrait bien arriver, les anglais dirigeant tout, et le visir n'étant véritablement qu'un homme de paille.

Au premier jour, j'aurai l'honneur de vous expédier un paquet plus considérable, avec triplicata de mes précédentes.

Signé : KLÉBER.

PIÈCE Nº **13**.

Au quartier-général de Salahieh, 26 nivôse an VIII. *

Kléber, général en chef, au général Desaix.

J'ai reçu la lettre particulière que vous m'avez écrite, mon cher général, j'ai partagé bien sincèrement les souffrances et l'ennui que vous avez éprouvés sur mer, et, aujourd'hui, je ne suis pas moins inquiet de vous savoir au milieu d'un peuple barbare et effréné, qui ne connaît et ne respecte ni droits, ni usages de la guerre, c'est du moins le tableau que m'en fait sir Sidney Smith qui ne paraît pas lui-même être fort tranquille. Cependant, j'espère que le grand-visir saura vous couvrir de l'égide de son autorité et qu'il ne vous arrivera aucun malencontre.

Je vous envoie quelques dromadaires que vous pourrez faire rester avec vous pour vous servir de garde et d'escorte pour votre retour. Votre aide-de-camp Clément, qui est ici avec moi, a écrit au Kaire pour faire venir vos chevaux et votre tente, j'ai fait aussi écrire à l'homme d'affaires du citoyen Poussielgue pour le même objet, tout cela vous sera très incessamment envoyé.

Je n'ai pas reçu, ainsi que vous paraissez le présumer, des nouvelles de France, et j'ai même la conviction qu'il ne m'en arrivera pas, par la raison que, n'ayant pas de secours à m'envoyer, on trouvera plus commode de me laisser le soin de débrouiller cette affaire, sauf à m'improuver ou m'approuver ensuite, suivant les circonstances. Il n'en faut pas douter, Bonaparte avait fait le sacrifice de ce pays longtemps avant son départ, mais il lui fallait une occasion pour le fuir, et il ne l'a fui que pour éviter la catastrophe de la reddition. Je dis plus, s'il avait trouvé à Toulon 10,000 hommes destinés à me porter du renfort, il se serait bien gardé de les faire embarquer, il en aurait plutôt renforcé l'armée dont il va prendre le commandement, car c'est le moment où il doit plus que jamais s'assurer de ses succès en Europe, puisque, sans eux, il sera perdu et culbuté en moins de temps qu'il ne s'est élevé. Vous me voyez agir en conséquence de tout ce que je vous avais dit; mais, si de votre côté votre cœur était ouvert à l'espérance, si improuvant ma conduite, vous aviez la certitude de mieux faire, je serais charmé que vous vous expliquassiez avec franchise, je vous remettrais alors un commandement dont j'ai été chargé malgré moi, et vous me verriez vous obéir avec autant de zèle et de dévouement que vous en montrez dans la circonstance: parlez.

* Cette lettre est écrite peu après le massacre de la garnison du fort d'El-Arisch par les turcs.

Pour moi, qui ne veux pas voir assassiner le reste de cette armée en détail, sans avantage réel pour la patrie ; pour moi, qui ai regardé cette expédition comme complètement manquée, aussitôt après l'événement désastreux d'Aboukir et la déclaration de guerre de la Porte, je persisterai dans ma résolution, sans m'inquiéter si le blâme ou les éloges m'attendent. Ma plus douce récompense a toujours été l'assentiment de ma conscience, et elle me dit que je fais bien. Je crois avoir ailleurs des armes suffisantes contre ceux qui voudraient m'attaquer.

Les succès que nous avons obtenus en Hollande et en Suisse, m'ont fait éprouver une grande jouissance, mais ni ces succès, ni l'engouement avec lequel a été reçu le général Bonaparte, et auquel on devait s'attendre, ne changent rien à ma situation, je ne suis pas moins à bout de tous mes moyens.

Je vous salue,

Signé : **Kléber**.

PIÈCE Nº **14**.

Procès-verbal du conseil de guerre tenu au camp de Salahieh, le 1ᵉʳ pluviôse an VIII.

Le 1ᵉʳ pluviôse an VIII de la République française, une et indivisible, le général en chef Kléber, ayant convoqué chez lui, au camp de Salahieh, tous les officiers généraux présents au camp, le conseil de guerre s'est réuni et s'est trouvé composé du général en chef Kléber, des généraux de division Damas, chef de l'état-major général, Régnier et Friant, des généraux de brigade Davoust, Rampon, Lagrange, Robin, Songis, commandant l'artillerie, Samson, commandant le génie, et du commissaire ordonnateur en chef Daure, nommé secrétaire de droit.

Le général en chef, après avoir fait un exposé de l'état des négocations entamées par le général en chef Bonaparte, avant son départ, et continuées jusqu'à ce moment par lui, engage le conseil à se représenter l'état dans lequel se trouve l'armée, afin que chacun puisse émettre son opinion sur le parti qu'il serait le plus convenable de prendre dans ces circonstances.

Le résultat de l'exposé donné par les membres du conseil sur la situation actuelle de l'armée et de ses ressources, est que, de 8,000 combattants de toutes armes, qui est tout ce qu'il a été possible de réunir pour l'armée active chargée de défendre les postes de Katich, Salahieh, Belbeïs, et de couvrir le Kaire, partie seulement peut être portée à Katieh, parce qu'il faut nécessairement laisser à Belbeïs et Salahieh des corps assez forts pour combattre les troupes que l'ennemi enverrait par le désert ; il ne reste donc plus à opposer à l'armée turque, que 5 à 6,000 hommes au plus, elle qui, selon tous les rapports, se trouve être forte de 25,000 hommes, et 30 pièces de canon, indépendamment d'un corps de réserve de 8,000 hommes campés à Gaza ;

Que la prise d'El-Arisch et les circonstances qui ont forcé sa reddition, doivent du moins refroidir l'opinion exagérée que l'on pourrait concevoir des bonnes dispositions des troupes, puisqu'il est à craindre que, n'étant plus animées que du désir d'un prompt retour en France, très fortement prononcé, elles imitent le fatal exemple des 500 hommes chargés de la défense d'El-Arisch : cette garnison voyant que son commandant avait rejeté, comme l'honneur le lui prescrivait, la sommation qui lui avait été envoyée, lui demanda par écrit à rendre la place à l'ennemi, abattit le drapeau tricolore, en arbora un blanc, et appela l'ennemi hors des tranchées pour le hisser sur ses remparts avec des cordes qu'elle lui jeta elle-même ; c'est ainsi que cette place, que le général Bonaparte regardait comme une des deux clefs de l'Egypte, fut livrée aux turcs ;

Que les insurrections arrivées antérieurement à Damiette, et récemment à Alexandrie, la seconde clef de l'Egypte, devaient causer, pour cette dernière place surtout, les mêmes inquiétudes, puisque la garnison s'est déjà portée à de semblables excès, qu'elle a tiré le canon d'alarme pour s'emparer des forts ; qu'elle s'est rendue à bord d'un bâtiment expédié en courrier pour le gouvernement par le général en chef, en a pillé le chargement, et qu'elle a demandé à se rendre aux anglais pour repasser en France ; projet qui n'a pu s'exécuter, parce qu'il n'y avait point alors de vaisseau ennemi à la vue des côtes, le prétexte de toutes ces insurrections est toujours la réclamation de la solde arriérée, et le départ supposé de généraux qui veulent suivre l'exemple du général Bonaparte ;

Que, pendant la réunion de l'armée sur la frontière de la Syrie, tout le pays derrière elle, et la ville même du Kaire, sont menacés d'invasion par les beys, mameloucks et arabes descendus de la Haute-Egypte pour exciter des soulèvements ; un seul rassemblement sous les ordres de Mourad-Bey, dans l'Alfiéli, est déjà fort de 800 hommes à cheval, contre lesquels on ne peut marcher, qu'en affaiblissant l'armée active.

Que si, malgré toutes ces chances douteuses, l'armée obtient les succès qu'on a encore droit d'attendre, elle n'en peut espérer cependant aucun avantage le lendemain de la victoire ; car, en supposant que de nouvelles forces ne viennent pas très promptement la contraindre à combattre de nouveau, et qu'elle puisse aller jusqu'à la saison des débarquements, sans avoir besoin de réparer les pertes que lui aurait coûté le gain d'une bataille, à quoi serait-elle réduite ? obligée alors de se disséminer sur une étendue de côtes de plus de cent lieues, et de garder encore les vastes débouchés du désert, la place d'El-Arisch n'étant plus en son pouvoir, et le faible poste de Katieh ne pouvant arrêter la marche de l'ennemi, elle laisserait toute la Basse-Egypte, sur la rive orientale du Nil, exposée à un envahissement facile, et, ne pouvant plus opposer de résistance nulle part, elle serait contrainte de se livrer à discrétion;

Que, d'un autre côté, si le succès du combat n'était pas pour nous, comment pouvoir sauver de l'assassinat les 20,000 français qui se trouvent en Egypte, dont la mort serait inévitable, avec une soldatesque effrénée et une population de fanatiques à qui tous les droits de la guerre et des nations civilisées sont inconnus;

Que nous n'avons pas sur cette frontière une seule place fermée, où les débris d'une armée battue puissent se réunir et trouver des approvisionnements qui les mettent en état de se défendre, jusqu'à ce qu'obligés de capituler ils puissent obtenir les conditions d'un traité quelconque;

Qu'Alexandrie, la seule place dont les fortifications, quoiqu'encore bien imparfaites, puissent fournir un point de retraite à l'armée, étant trop éloignée de la frontière de Syrie, et la route rendue difficile par les branches du Nil et les déserts, on ne pourrait espérer que l'ennemi victorieux permît d'y réunir les restes d'une armée dispersée sur une étendue de pays de près de 10,000 lieues carrées; les approvisionnements rassemblés dans cette ville sont d'ailleurs bien éloignés d'être assez considérables pour faire subsister pendant quelque temps les troupes qui s'y jetteraient;

Que, toutes considérations seraient nulles encore, et qu'il faudrait tenter le sort d'une bataille, si on avait le moindre espoir de secours; mais que le gouvernement, d'après les nouvelles indirectes qui nous sont parvenues, s'est mis dans le cas de ne pouvoir plus en envoyer, quand il serait dans la possibilité de le faire, d'après les principes qu'il a publiquement manifestés, en blâmant d'une manière si forte l'expédition d'Egypte, en faisant de cette conquête un chef d'accusation contre ceux qui l'ont ordonnée ou laissé faire, et déclarant cette entreprise attentatoire à tous les intérêts de la République, dont elle a fait de son plus ancien et plus fidèle allié, un ennemi qui a renoué la coalition de toute l'Europe contre elle; que le silence du gouvernement, depuis cinq mois surtout que le général Bonaparte est parti, et près de quatre qu'il est arrivé en France, doit être considéré comme un consentement tacite de l'évacuation de l'Égypte;

Que nous n'avons pas même le mérite de faire une diversion utile à notre patrie; que loin de là nous fournissons encore à la coalition un point d'appui, tandis que, par l'évacuation de l'Egypte, nous pouvons renouer les liens d'intérêt et d'amitié qui doivent unir la République française et l'empire Ottoman, et que nous pouvons espérer par là de donner de nouvelles inquiétudes à la Russie sur ses possessions de la Crimée et retirer conséquemment ces deux puissances de la coalition.

Sur l'exposition faite ensuite par le général en chef au conseil, que le général Bonaparte dans ses instructions lui dit : « qu'il pense que » la perte de 1,500 hommes par la peste, doit la réduire à la nécesité de » traiter de l'évacuation pure et simple de l'Egypte »; il a été remarqué que, depuis le départ du général Bonaparte, l'armée s'est affaiblie de plus de 1,000 hommes, tant par les événements de la guerre que par les maladies; que dans ce moment encore les accidents de peste se renouvellent à Alexandrie et à Damiette avec les mêmes symptômes que l'année dernière, où, dans l'espace de 4 mois, cette maladie a enlevé 3,000 français; et que, dans l'hypothèse même du gain d'une bataille qui coûterait sûrement plus de 1,000 hommes, à en juger d'après tous les succès obtenus jusqu'à présent, l'armée serait réduite à un état d'affaiblissement pire que celui dont parle le général Bonaparte; que cet état existe en ce moment même par le fait, puisque tous les corps de l'armée sont réduits d'un sixième par le nombre d'hommes hors d'état d'entrer en campagne, restés aux dépôts et dans les hôpitaux, non compris dans ce nombre 800 blessés partant pour France, et porteurs de certificats d'invalidité absolue, donnés par le conseil de santé.

La situation des finances a encore arrêté l'attention du conseil : d'après l'exposé qui en a été fait, il est clair que non seulement il est impossible de payer l'arriéré de solde due à l'armée, mais même d'acquitter les dépenses courantes, qui s'élèvent, tant pour la solde que pour l'extraordinaire, à 1,200,000 fr. par mois, tandis que les recettes ne monteront pas à plus de 800,000 fr., puisque tous les moyens de contributions extraordinaires sont épuisés, et que les impositions territoriales sont diminuées d'un tiers par le manque d'inondation dans une partie des provinces de l'Egypte, ce qui ajoutera à la dette de 11 millions laissée par le général Bonaparte, un arriéré de 400,000 fr. par mois, auquel déficit il sera d'autant plus difficile de remédier, qu'on ne peut espérer de faire entrer en compte aucune espèce de crédit, et que, si l'armée est obligée de rester en présence de celle du grand-visir, on ne peut faire rentrer les 800,000 fr., sans envoyer de fortes colonnes mobiles, moyen qui serait impraticable, mais nécessaire pour protéger la levée des contributions tant en argent qu'en nature.

Après avoir approfondi tous ces raisonnements, et discuté tous les avantages et les inconvénients d'un traité, le général en chef a fait connaître l'*ultimatum* des propositions faites à l'armée pour qu'elle évacuât l'Egypte, il en résulte que nous devons sortir avec armes et bagages, emmenant avec nous tous les bâtiments que nous avons dans les ports, et que les turcs nous fourniront le surplus des bâtiments nécessaires, suffisamment approvisionnés pour notre traversée.

Le général en chef a enfin demandé que chacun donnât son avis définitif séparément, ce qui a été fait; et il a été décidé unanimement qu'il fallait conclure un traité d'évacuation plutôt que de hasarder le sort de l'armée, sans aucun avantage, dans un combat dont le succès ne doit nullement améliorer sa position, et qu'il valait mieux le faire dans un moment où l'on a encore les moyens d'exiger l'exécution des articles stipulés dans le traité, que d'être réduits à accepter des conditions moins honorables deux mois plus tard ; que seulement les plénipotentiaires près le grand-visir recevraient des instructions pour que le Kaire fût évacué le plus tard possible, et que, pendant le séjour de l'armée en Egypte, il fût pourvu amplement à sa subsistance et à sa solde, s'en remettant à la prudence des plénipotentiaires pour assurer l'exécution du traité, et la sûreté de l'armée; et ont signé :

Samson, Songis, Robin, Davoust, Lagrange, Rampon, Friant, Reynier, Damas, Kléber, Daure.

Pour expédition conforme à l'original,
Le secrétaire du conseil, Signé: Daure.

Pièce n° 15.

Du camp de Salahieh, le 8 pluviôse an viii.

Lettre du général Kléber, au citoyen Poussielgue.

Recevez, mon cher Poussielgue, les témoignages bien sincères de ma satisfaction de la part que vous avez prise dans la négociation importante que nous venons enfin de terminer. Les intérêts de l'armée et de la République y sont également ménagés, pour peu qu'on veuille y réfléchir; mon intérêt personnel seul y est lésé, la gloire de combattre un grand-visir devait l'emporter sur toutes les considérations; mais, en sacrifiant à mon orgueil le salut de 20,000 français, aurais-je rempli la tâche d'un bon citoyen ? Non, sans doute. Ce à quoi il faut nous attendre, c'est que les plus lâches, ceux qui redoutaient le plus le sort d'une bataille, crieront aujourd'hui — qu'il fallait combattre! — Mais, ainsi qu'aucune louange ne saurait jamais m'enivrer, je saurai également mépriser l'injustice du blâme, lorsque ma conscience me dira : Kléber tu as fait ce que tu as dû faire : je l'ai consultée et elle m'a donné son assentiment. Sous peu de jours je compte vous voir et alors nous conférerons sur tout cela plus amplement. Je vous conseille et vous engage de revenir par terre.

Je vous salue bien cordialement.

Signé : Kléber.

PIÈCE N° **16.**

Au quartier-général du Kaire, le 15 ventôse an VIII.

Kléber, général en chef, au citoyen Poussielgue.

Le chef de brigade Latour-Maubourg ne m'a apporté autre chose de France, mon cher Poussielgue, que des journaux, des brochures nouvelles et la promotion de quelques individus de l'armée. Aucune assurance de secours, pas un mot de Bonaparte. La conduite de Grosbert est une scélératesse ou plutôt une lâcheté qui n'étonne personne ; il est cependant parti d'ici dans les mêmes intentions que vous, dans celles de faire connaître la vérité ; je suis bien éloigné de croire que vous l'imiterez, mais, je le vois, vous aurez bien de la peine à vous faire entendre. Pour attendre avec sécurité la saison des débarquements, l'armée du visir étant sur les frontières de la Syrie, il m'eût fallu avoir 30,000 combattants présents sous les armes, une *place forte* à Belbeïs, des magasins et des moyens de transport ; vous savez ce qu'au lieu de ce, je possédais, nous avons épuisé cette matière. La toute puissance de Bonaparte peut un instant étouffer la vérité, mais tôt ou tard elle se fera connaître. — *Falsum stare non potest,* c'est là toute ma consolation, et si j'avais à recommencer ce que j'ai fait, je le ferais encore. Etablir une colonie sans gouvernement stable, sans marine, sans finances, et une guerre continentale effrayante sur les bras, est le comble du délire, c'est vouloir entreprendre le siége d'une place sans être maître de la campagne et sans munitions de guerre, c'est pis encore.

Je vous souhaite un prompt et heureux voyage, et à votre arrivée, la fermeté nécessaire pour ne point pâlir devant le maître suprême.

Salut,

Signé : **Kléber.**

P. S. Renvoyez-moi le procès-verbal du conseil de Salahieh, ou du moins déchirez-le ; je serais fâché que mes camarades signataires en essuyassent le moindre désagrément, et mon intention est de n'en faire usage qu'à la dernière extrémité.

(Note jointe à cette lettre et écrite de la main même du général Kléber.)

Dire au citoyen Talien que l'événement du 18 brumaire ne change rien à sa mission et ne doit rien changer à sa conduite. Ce qui a été vrai un jour le sera par delà les siècles. Les blessés, ainsi que la commission, partiront aussitôt que j'aurai eu une conférence avec sir Sidney, étant assez mécontent du capitaine Stiles. Il faut qu'il économise ses fonds, l'argent étant très rare actuellement ; s'il en avait indispensablement besoin, je lui en ferais passer quelque peu.

Passer à Chaillot, Grande-Rue, n° 10, annoncer à mes gens mon arrivée.

PIÈCE N° **17**.

Toulon, le 16 prairial an VIII.

Poussielgue, au général Bonaparte, 1ᵉʳ Consul.

Je vous ai rendu compte à mon arrivée ici de tout ce qui avait rapport à l'armée d'Egypte depuis mon départ d'Alexandrie, le général Kléber avait adressé au gouvernement le récit détaillé de tout ce qui s'était passé antérieurement, et y avait joint les pièces justificatives, vous êtes donc parfaitement instruit de ce qui intéresse le gouvernement.

Je m'étais proposé de vous rendre compte de vive voix de toutes les circonstances de détail, qui, arrivées depuis que vous avez quitté l'Egypte, peuvent piquer votre curiosité, puisqu'en grande partie elles vous sont plus ou moins personnelles.

Mais j'apprends que vous vous êtes mis à la tête d'une armée, et que, selon toute apparence, je n'aurai pas encore de sitôt le bonheur de vous voir, je me décide à vous en informer par écrit. Vous y verrez les diverses affections que nous avons dû éprouver, et, s'il en est quelques-unes qui aient pu vous déplaire, daignez vous rappeler que nécessairement le mystère avec lequel vous nous avez tous quittés devait les faire naître.

Votre départ fut un coup de foudre pour toute l'armée, mais beaucoup plus sensible pour moi.

Je ne vous avais jamais demandé à m'en aller, je m'étais attaché à votre sort; vous connaissiez les liens qui me rappelaient en France; la position dans laquelle j'avais laissé ma femme et mes enfants; vous saviez avec combien de peine je m'étais décidé à vous suivre, et qu'enfin je ne l'avais fait que dans la certitude que mon absence n'excèderait pas six mois. Dans quelques entretiens au Kaire vous m'aviez laissé pressentir votre départ, et je ne doutais pas, d'après les témoignages d'estime que vous me donniez, que je ne fusse du voyage. Je fus cruellement trompé; mais moins sensible encore à cet abandon que vous pouviez avoir cru indispensable, qu'au défaut de confiance qui l'avait accompagné. En effet, je ne pouvais concevoir ni vous pardonner que vous ne m'eussiez pas jugé digne de savoir votre secret, ou que vous ne m'eussiez pas cru assez de caractère pour me soumettre sans murmure à rester après vous, quoique je ne fusse venu que pour vous.

Vous seul me connaissiez; vous aviez eu des preuves de mon zèle, de ma probité et de mon désintéressement, peut-être beaucoup trop grand. J'allais me trouver en proie aux envieux, et aux calomnies de toute espèce qui assiégent toujours la malheureuse place que j'occupais. J'étais au désespoir.

Le général Kléber arriva avec ses préventions, et je fus longtemps avant de les affaiblir. Il ne voulut pas cependant accepter ma démission.

Nous fûmes 8 jours, après votre départ, sans savoir quel était le général qui vous remplaçait; un sentiment d'inquiétude se peignait sur tous les visages des turcs comme des français, le général Kléber arrivé à Rosette où vous lui aviez donné rendez-vous, écrivit au général Dugua, qu'il vous avait trouvé parti. Il lui demandait à qui vous aviez laissé le commandement. Il ne reçut qu'ensuite vos dépêches.

Bientôt il n'y eut plus de doutes sur votre départ. Les turcs seuls ne voulaient pas le croire. Ils débitaient cent contes plus absurdes les uns que les autres. Ils disaient d'abord que les généraux français vous avaient tué; et quand le divan eut reçu votre lettre, ils répandaient que vous vouliez les éprouver, que vous vous étiez caché pour voir comment ils se conduiraient, mais qu'au premier moment vous reparaîtriez. Ils ne pouvaient se persuader que vous fussiez parti; ils vous regrettaient sincèrement.

Cependant ce départ, bien loin de donner des espérances et d'augmenter les ressources, détruisit les unes et acheva d'anéantir les autres. Les habitants de l'Egypte, voyant notre nombre considérablement diminué, les principaux généraux qui s'en allaient, et sachant que vous aviez expédié Rouschid-Effendi à Constantinople, ne doutèrent plus que les français voulaient quitter l'Egypte. Dès-lors nous n'eûmes plus d'amis, chacun songea à se ménager son pardon; l'arrivée du grand-visir à Damas avec une grande armée se confirma et acheva de nous enlever tous nos partisans. Vous savez combien leur attachement était déjà ébranlé lors de la descente à Aboukir.

Tout notre espoir était dans votre prompte arrivée en France et dans l'envoi d'un secours, ou d'un ordre de négocier. En attendant, nous ne pouvions que gagner à temporiser. Le général Kléber se décida à continuer les négociations que vous aviez entamées, et comme les circonstances devenaient de jour en jour plus inquiétantes, nous crûmes ne pouvoir les mettre avec trop de détails sous les yeux du Directoire exécutif, pour le réveiller de l'inertie dans laquelle il était à notre égard depuis plus d'un an. C'est cette malheureuse correspondance, dans laquelle je ne me permis aucune personnalité, qui, malgré les précautions les plus sages, tomba dans les mains des anglais par un accident au dessus de toute prévoyance.

Cependant le général Kléber avait écrit au grand-visir à Damas. Quelques jours après, il reçut la réponse qu'il faisait à votre première lettre. Elle était dans un style si insolent, que le général Kléber se décida, dès-lors, à abandonner toute négociation, à moins qu'il ne reçût une réponse plus honnête à sa propre lettre.

Ce fut cette première lettre du général Kléber qui apprit aux turcs et aux anglais votre départ d'Égypte, plus d'un mois après; les turcs en marquèrent beaucoup d'étonnement.

Moustapha-Pacha, votre prisonnier, nous assura que votre départ faciliterait infiniment les négociations, parce que le ressentiment de la Porte Ottomane et de tous les turcs, par rapport à l'invasion de l'Égypte, se concentrait tout entier sur vous. Ils vous attribuaient exclusivement cette expédition, prétendant que le gouvernement français s'en était disculpé. Ils vous accusaient de mauvaise foi; ils disaient que vous ne vouliez que les tromper et les amuser pour avoir le temps d'envahir le reste de l'empire Ottoman, qu'ainsi ils ne traiteraient jamais avec vous.

Et, en effet, pendant les conférences que nous eûmes ensuite à El-Arisch, le prince drogman nous manifesta, de la part du grand-visir, les sentiments les plus exaspérés contre vous, en disant qu'ils étaient partagés par tous les turcs. Je travaillai à détruire cette opinion injurieuse, et j'y réussis en faisant connaître, par une foule de traits de vos campagnes d'Italie, votre caractère personnel. Mais, ce qui le frappa le plus, ce fut l'idée que l'empire Ottoman vous devrait peut-être un jour sa conservation, et que les circonstances pouvaient tellement se combiner, que vous vous trouvassiez bientôt l'arbitre de sa destinée.

Le grand-visir écrivit une seconde lettre au général Kléber dans des termes très mesurés, et alors la négociation s'entama par correspondance. Mais, comme le but du général Kléber était, d'après vos instructions, de pouvoir atteindre le mois de mai sans compromettre sa position en Égypte, la correspondance, de son côté, ne contenait que des termes généraux pour amener à des conférences verbales, au moyen desquelles il serait plus facile de gagner du temps.

Mais, tout en correspondant, le grand-visir s'approchait avec son armée. Une flotte turque se présenta devant Damiette : ce mouvement paraissait être combiné avec l'armée turque pour diviser nos forces, ou pour dégarnir l'un des deux points sur lesquels nous étions menacés; les renforts que le général Kléber envoya du Kaire à Damiette avec le général Desaix, n'eurent pas le temps d'arriver avant le débarquement; le général Verdier ne le laissa pas achever, et détruisit complètement tout ce qui était débarqué.

Les anglais, ayant pris connaissance de la correspondance du général Kléber avec le grand-visir, craignirent, malgré les protestations de la Porte, que l'on ne traitât sans eux; sir Sidney Smith écrivit au général Kléber pour lui faire entendre que tout traité fait sans sa participation n'aurait aucun effet. Nous en étions persuadés, mais c'était gagner du temps. Le général Kléber répondit à Sidney Smith, par une lettre dont le gouvernement doit avoir la copie, elle relevait la jactance des anglais, peignait d'une manière toute naturelle la situation de l'armée comme très brillante, et finissait par proposer à Sydney Smith d'entrer en conférences, et de les tenir à son bord puisque le grand-visir lui confiait, au nom de la Porte, cette importante négociation. Dans cette lettre, que vous devez connaître, le général Kléber prédisait votre victoire de Marengo.

Sidney Smith répondit et accepta.

Le général Kléber chargea le général Desaix et moi de ses pleins pouvoirs; mais il les limita par une instruction dont les conditions étaient si évidemment impossibles à obtenir, que nous étions convaincus tous les trois que les négociations se rompraient, ou que tout au plus nous obtiendrions une suspension d'armes, et la faculté d'écrire au gouvernement français et de recevoir ses ordres.

Nous nous rendîmes, le général Desaix et moi, à Damiette, où nous attendîmes pendant cinq jours que Sidney Smith parût pour nous recevoir.

Dans l'intervalle, le général Junot, le général Dumuy et leur suite avaient voulu s'embarquer à Alexandrie pour retourner en France. La garnison s'était soulevée pour s'y opposer, et on avait eu beaucoup de peine à en venir à bout.

Votre départ avait fait tant de sensation que le soldat, dans la crainte de se voir successivement abandonné par ses meilleurs généraux, avait établi une correspondance sur la ligne qui bordait la mer, et avait résolu d'empêcher par la force tout embarquement.

Nous en fûmes prévenus à Lesbé; ce fut par l'adresse et les soins du citoyen Malus, commandant de ce fort, que nous échappâmes à la résistance que la garnison se préparait à opposer à notre embarquement.

Notre première demande à Sidney Smith fut une suspension d'armes d'un mois. Il la consentit sous la condition exigée par le grand-visir, qu'on remettrait El-Arisch et Katieh entre les mains des turcs, avec promesse de nous rendre les places si les négociations se rompaient. Il nous prévenait que le grand-visir devait, dans le moment où il nous parlait, être avec son armée autour d'El-Arisch, qu'il ne voulait ni rétrograder, ni perdre de temps. Nous rejetâmes avec beaucoup de fierté la condition demandée, en faisant sentir que c'était déjà beaucoup que l'armée française consentît à un armistice pur et simple, puisqu'elle n'en retirait aucun avantage, et qu'au contraire, le grand-visir y gagnait le temps nécessaire pour réunir toutes ses forces et pour attendre la bonne saison.

Sidney Smith signa l'armistice comme nous le voulions, et envoya un exprès au grand-visir pour l'en prévenir.

Nous fûmes plusieurs jours de suite sans entamer de négociations. Nous sondions le terrain, et le temps, comme nous le voulions, se passait.

Enfin, il fallut aborder la question principale, après avoir bien préparé Sidney Smith à entendre nos demandes sans qu'elles entraînassent une rupture.

Nous voulions qu'on rendît à la République Corfou, Zante et Céphalonie; que nous pussions ravitailler Malte, que les anglais levassent le blocus de cette île, et que l'armée d'Égypte pût aller mettre des garnisons dans ces diverses places, qu'enfin l'empire Ottoman se retirât de la coalition.

Sidney Smith répondit que ses instructions ne s'étendaient pas à pouvoir répondre sur des objets aussi importants, qu'il était indispensable qu'il en conférât avec le grand-visir. Dans la conversation, il nous laissa entrevoir que nos demandes étaient en tout point inadmissibles, parce qu'elles exigeaient l'intervention du cabinet de Londres et de celui de la Russie. Nous l'attendions là ; nous convînmes du principe, en observant que dans ce cas le général Kléber informerait de son côté le gouvernement français de l'état des choses, afin d'avoir des ordres et des pouvoirs positifs sur les conditions à souscrire.

Quelqu'avantageuses que fussent nos demandes, nous leur préférions, le général Kléber, le général Desaix et moi, la faculté d'envoyer un courrier au Directoire exécutif. Vos instructions au général Kléber étaient la seule base de notre conduite, et le général Kléber voulait strictement s'y conformer, autant qu'il lui serait possible. Il s'agissait d'atteindre le mois de mai, époque avant laquelle vous aviez promis des nouvelles.

Dans cet état de choses, nous cessâmes les pourparlers officiels avec Sidney Smith, et il fit route pour Gaza. Les vents contraires et les tempêtes nous retinrent en mer pendant 18 jours depuis notre départ de Damiette, sans pouvoir aborder ni à Gaza, ni à El-Arisch.

Un matin, c'était vers le 15 nivôse, que ni le général Desaix, ni moi, ne pouvions dormir, nous nous levâmes à 5 heures, et nous fûmes nous promener sur le pont. Nous avions vu, par des papiers publics arrivés la veille, et qui allaient jusqu'au 25 octobre, 3 brumaire, nos désastres en Italie, la descente faite en Hollande ; nous avions appris votre arrivée en France, et nous avions remarqué avec peine qu'elle n'avait produit aucun effet par rapport à l'Égypte. On vous annonçait comme entièrement disgracié auprès du Directoire. Ces nouvelles nous avaient agités. Nous épuisâmes toutes les probabilités imaginables sur les événements que cette situation pouvait amener. Nous y vîmes la chute certaine de l'ancien gouvernement, et le général Desaix, comme s'il eût été inspiré, me traça la journée du 18 brumaire telle qu'elle est arrivée. Il gémissait de n'être pas en France pour vous aider de tout son pouvoir à la faire. Il était persuadé que vous auriez le concours ou au moins l'assentiment de tous les généraux marquants qu'il connaissait. Il ne voyait pas d'autre moyen de salut pour la France, ni d'autre homme que vous qui pût employer ce moyen. Nous étions à cet égard parfaitement d'accord, et nous faisions les mêmes vœux, malgré que nous eussions l'un et l'autre quelques motifs de mécontentement personnel. Il n'avait pas oublié la lettre que vous lui écrivîtes à votre retour d'Aboukir, et cependant, quoiqu'il fût convaincu qu'il n'avait pas eu tort, il convenait que de votre côté vous aviez eu raison.

Cette longue et intéressante conversation dura jusqu'à midi. Je m'en souviendrai longtemps à cause de l'événement extraordinaire qui y fut prédit, et qui déjà était arrivé.

Vous avez vu, dans la correspondance envoyée par le général **Kléber**, la marche de notre négociation à El-Arisch ; mais ce que cette correspondance n'a jamais pu vous démontrer assez, c'est le découragement général de l'armée, produit par les nouvelles de France ; il tenait du désespoir, et la honteuse reddition du fort d'El-Arisch en fut la suite funeste.

Nous n'avions plus personne pour nous dans le pays, depuis votre départ et depuis que le grand-visir avait donné connaissance de la lettre que vous lui aviez écrite. On était persuadé que nous allions nous en aller ; une foule de circonstances le démontraient et entr'autres la dissolution de la compagnie d'Egypte, demandée par les chefs de brigades et officiers-généraux qui avaient des actions ; je me suis constamment, mais inutilement, opposé à cette dissolution.

Nous n'avions point de chameaux pour les moindres transports, et les arabes n'en voulaient plus fournir, même en les payant d'avance.

Il ne rentrait rien dans la caisse, et on ne pouvait aller dans les provinces, un ennemi formidable était en présence, il fallait que nos forces fussent sans cesse réunies sur les points menacés ; on n'osait pas en distraire le moindre détachement, même pour des escortes.

Le général Kléber eut recours aux moyens extraordinaires : il tomba sur les cophtes, sur les damasquins, sur les marchands de café. Il prit des mesures infiniment plus rigoureuses que toutes celles précédemment employées, mais les bourses étaient vides, l'armée très arriérée, les besoins considérablement augmentés ; ce que l'on obtenait par la violence était à l'instant même absorbé, et on n'entrevoyait plus de ressources.

Le 29 nivôse, Sidney Smith reçut les gazettes de Francfort du 1er au 11 novembre, 20 *brumaire*, nous y vîmes la continuation de nos revers en Italie ; nos succès en Hollande nous en consolaient, mais encore rien pour l'Egypte, rien de vous, seulement on disait que vous étiez parti pour Berlin sans expliquer pourquoi. Il n'arriva plus d'autres nouvelles jusqu'à notre retour à Salahieh. Nous nous voyions d'autant plus abandonnés que des intérêts plus pressants devaient nécessairement absorber toute l'attention et surtout les moyens du Directoire.

C'est à toutes ces considérations réunies que le général Desaix qui avait toujours été d'avis qu'il fallait attendre le mois de mai, conformément à vos instructions, se rendit. Et cependant le général Kléber, qui connaissait parfaitement son opinion, lui écrivit particulièrement en nous envoyant son *ultimatum*, que s'il persistait à penser qu'on pût sauver l'armée et conserver l'Egypte, il le priait de prendre le commandement, dont il se démettrait aussitôt, et qu'il serait le premier et le plus zélé à lui obéir.

Le traité fut signé.

Le jour de notre retour à Salahieh, le 15 pluviôse, le général Kléber reçut d'Alexandrie la nouvelle de l'événement du 18 brumaire. Un brick anglais avec qui on avait parlementé en avait indiqué les principales circonstances.

Cette nouvelle extraordinaire fut tenue secrète au camp entre le général Kléber, le général Desaix, le général Damas, le général Reignier et moi.

Nous arrivâmes au Kaire le 18, là elle était généralement répandue et occupait diversement tous les esprits. Pour la première fois, depuis notre débarquement en Egypte, on s'occupa d'opinions politiques, et les partis se manifestèrent.

Les uns, et c'était le plus grand nombre, voyaient dans cet événement, s'il pouvait se consolider, le salut de la France, mais ils craignaient les poignards contre vous, ou la guerre civile des généraux ; les autres y voyaient l'anéantissement de la République et de la liberté, ils vous considéraient comme un usurpateur ; les plus modérés parmi eux craignaient au moins un gouvernement militaire.

Comme on ne connaissait absolument que la journée du 18 brumaire, on se perdait en conjectures sur les suites qu'elle aurait.

Presque toute l'armée, dès longtemps avant cette nouvelle, était revenue à vous, même ceux qui s'étaient plaints davantage de votre départ. On savait que tout ce qui était de retour d'Egypte en France avait été mal accueilli par le Directoire ; en peu de jours les esprits, divisés sur la journée du 18 brumaire, se réunirent, et bientôt l'armée vit généralement avec plaisir l'homme à qui elle s'était dévouée, qui avait connu toutes les souffrances qu'elle avait essuyées et qui les avait partagées, arriver à la tête du gouvernement ; elle allait rentrer en France, elle oubliait tous ses maux, ses cruelles privations, elle jouissait déjà de l'accueil honorable et paternel qu'elle ne doutait pas de recevoir, et ne demandait qu'à voler à de nouveaux combats sous vos ordres.

Le général Kléber lui-même dont vous avez connu l'opinion sur l'ancien gouvernement, le général Kléber qui n'aurait jamais accepté le commandement de l'armée d'Egypte, si vous lui aviez laissé le temps de le refuser, vous jugeait assez magnanime pour oublier toutes personnalités, et n'aspirait qu'à vivre dans une retraite paisible, si vous ne jugiez pas à propos de l'employer.

Le traité d'El-Arisch peut avoir contrarié vos vues, ou vous pouvez l'avoir trouvé prématuré ; mais soyez persuadé, général, qu'il était indispensable et qu'il ne pouvait être retardé.

Il ne faut pas inférer de la victoire que le général Kléber a remportée depuis sur le grand-visir, qu'il eût eu le même avantage avant le traité. La situation était bien changée, comme le démontre le rapprochement de celle où se trouvait le général Kléber à l'époque du traité d'El-Arisch, avec celle où il était au moment de la reprise des hostilités.

Nous occupions encore, lors du traité, la totalité de l'Egypte, à l'exception d'El-Arisch qui s'était rendu aux turcs, et qui, comme vous le savez, était la seule clef du côté de la Syrie. Mourad-Bey était en force dans la Haute-Egypte, on y était menacé d'un débarquement par les mecquois et par les anglais qui avaient plusieurs bâtiments dans la mer Rouge, et qui même venaient d'établir une batterie dans l'île de Socotora. Suez aussi était menacé par mer, et l'Elfi-Bey avec les arabes la menaçaient par terre, au point qu'on y délibéra si l'on évacuerait par mer sur Kosseïr, dans l'impossibilité où l'on jugeait être de pouvoir résister. Les villes et villages de la Haute-Egypte savaient la présence du grand-visir et la prise d'El-Arisch ; ils se disposaient à une révolte générale contre nous. Le général Kléber ne pouvait donc retirer aucune troupe de la Haute-Égypte.

On n'était pas moins embarrassé du côté de la Baheré et d'Alexandrie. On attendait chaque jour l'arrivée des caravanes de Barbarie qui vont tous les ans à la Mecque. Elles nous avaient donné assez d'inquiétudes l'année précédente, pour que, dans des circonstances beaucoup plus critiques, nous nous missions en garde contre elles ; d'ailleurs il fallait veiller sur Alexandrie, le plus important de tous nos points.

Il y avait beaucoup de fermentation, et surtout de stupeur au Kaire. Nous n'ignorions pas que le grand-visir y avait des intelligences avec tous les principaux personnages.

Depuis la présence de l'armée du grand-visir à Gaza, les arabes, qui jusqu'alors nous avaient été le plus fidèles, s'étaient retirés, et vous savez que sans eux il n'existait aucun moyen de transport ; tous les approvisionnements, tous les mouvements de l'armée, se trouvaient donc arrêtés.

Aucune place n'était approvisionnée ; à Alexandrie seulement il y avait du blé et du riz pour 3,000 hommes pendant 6 mois.

Le général Kléber avait rassemblé tout ce qui était en état de servir pour former l'armée à opposer aux turcs. La totalité de ses forces entre Katieh et le camp de Salahieh n'arrivait pas à 7,000 hommes. Les garnisons de la Haute et de la Basse-Egypte, et les hôpitaux absorbaient le reste de l'armée.

L'armée du grand-visir était, disait-on, de 80,000 hommes, dont plus d'un tiers de cavalerie : il y avait 11 pachas, dont 6 à 3 queues, et 5 à 2 queues, non compris Djezzar et les mameloucks.

Nous venions avec le général Desaix de passer cette armée en revue à Jaffa, à Gaza et à El-Arisch, et, non compris les avant-gardes que nous ne connaissions pas et les nombreuses recrues qui arrivaient journellement du fond de la Turquie asiatique, le général Desaix évaluait lui-même ces forces à 50,000 hommes, ayant 62 pièces d'artillerie de campagne.

Enfin, le grand-visir attendait chaque jour une flotte russe portant

10,000 hommes de débarquement; mais n'eussent-ils été que 4,000 hommes, que, réunis aux turcs, ils auraient doublé leurs forces; ces russes devaient venir de Corfou.

Après le traité d'El-Arisch, et quand le grand-visir fut certain qu'il s'exécutait loyalement par le général Kléber; il contremanda les russes; et comme il craignait le pillage de l'Egypte par ses troupes, ce qui aurait nui aux contributions qu'il voulait en retirer lui-même, il congédia plus de la moitié de son armée, qu'il renvoya sur les derrières en Syrie. On prétend même qu'après avoir soumis l'Egypte, son projet était d'aller réduire Djezzar-Pacha. Il ne garda avec lui pour entrer en Egypte que les troupes les plus disciplinées et sur lesquelles il comptait le plus.

Cependant le général Kléber évacua toute la rive droite du Nil, Suez et successivement toute la Haute-Egypte. Au moment de mon départ, toute l'armée française, par suite de cette évacuation, se trouvait réunie entre Gizeh et Ramanieh, et présentait une masse de 15 à 16,000 hommes, y compris la garnison du Kaire. Mourad-Bey avait accédé au traité, toutes les hostilités avaient cessé, les turcs faisaient ponctuellement tous les payements dont ils étaient convenus, et la convention s'exécutait, lorsque le général Kléber reçut la lettre de l'amiral anglais Keith.

Sans doute que si le grand-visir n'eût pas été aussi pressé qu'il l'était d'entrer au Kaire, et qu'il eût consenti à prendre les arrangements convenables à l'armée française pour qu'elle gardât ses positions et qu'elle pût pourvoir à ses besoins, le général Kléber aurait attendu que l'Angleterre eût reçu la convention, et se fût expliquée définitivement.

Mais le refus du grand-visir de laisser occuper le Kaire par les français, ne permit pas au général Kléber de balancer à l'attaquer. Il avait un très grand avantage, son armée active, par sa réunion, était plus que doublée; tandis que celle du grand-visir était réduite de moitié, et n'avait aucune position avantageuse. D'un autre côté, il n'y avait aucun officier européen qui pût guider cette armée. Les anglais et les émigrés français s'étaient retirés sur les vaisseaux anglais qui pour lors étaient éloignés en mer. Quant aux russes, ils n'étaient plus à craindre de sitôt, et enfin, l'événement du 18 brumaire était connu de l'armée française et lui laissait espérer de prochains secours, ou la fin de la guerre.

Le général Kléber avait peut-être encore à espérer un retour d'affection des habitants du pays pour les français. Les turcs les avaient traités avec une hauteur et une dureté qui contrastaient singulièrement avec la douceur de notre gouvernement. On avait levé des contributions extraordinaires sans ménagement. La peur avait fait d'abord trouver quelqu'argent; mais il en fallait toujours, et quand on n'en pouvait plus donner, les têtes tombaient.

Le grand-visir avait fait assez hautement connaître son dessein d'expulser les mameloucks, et nous avions considéré comme une probabilité en notre faveur, en cas de rupture de la convention, la possibilité de réunir à nous tous les mameloucks.

Le succès du général Kléber contre le grand-visir paraît avoir été complet.

Mais, dans ce cas-là même, sa situation ne doit pas en être moins difficile aujourd'hui, si les habitants et les mameloucks ne se sont pas réunis spontanément à lui, car il a dû éprouver quelques pertes, et par la bataille de la Koubié et par la peste, et par les maladies qui, comme vous le savez, règnent principalement depuis germinal jusqu'en messidor; il a dû, si les habitants ne sont pas pour lui, recommencer la conquête de la Haute-Egypte, sans laquelle l'armée ne peut avoir ni pain ni argent. Alors il lui a fallu de nouveau diviser ses forces, tandis que toutes entières, il n'en aura pas trop pour résister à une seconde attaque de l'armée que le grand-visir aura ramenée de Syrie. Il doit être plus que jamais au dépourvu d'armes et de munitions, et, s'il ne reçoit pas promptement des secours, il sera obligé de céder à la force ou à la misère, et il traitera de nouveau, si déjà il n'a été contraint à le faire.

L'Egypte est épuisée d'argent et d'objets de première nécessité, par deux années écoulées sans aucune importation ni exportation, tandis que la consommation de ces objets a été doublée. Pour surcroît de malheur, le mauvais Nil de l'année passée menaçait toutes ces contrées d'une affreuse disette.

Salut et respect,

Signé : **POUSSIELGUE.**

Et en note, sur la minute, *terminée le 22 thermidor et envoyée le même jour.*

TABLE DES PIÈCES,

PAR ORDRE DE DATE.

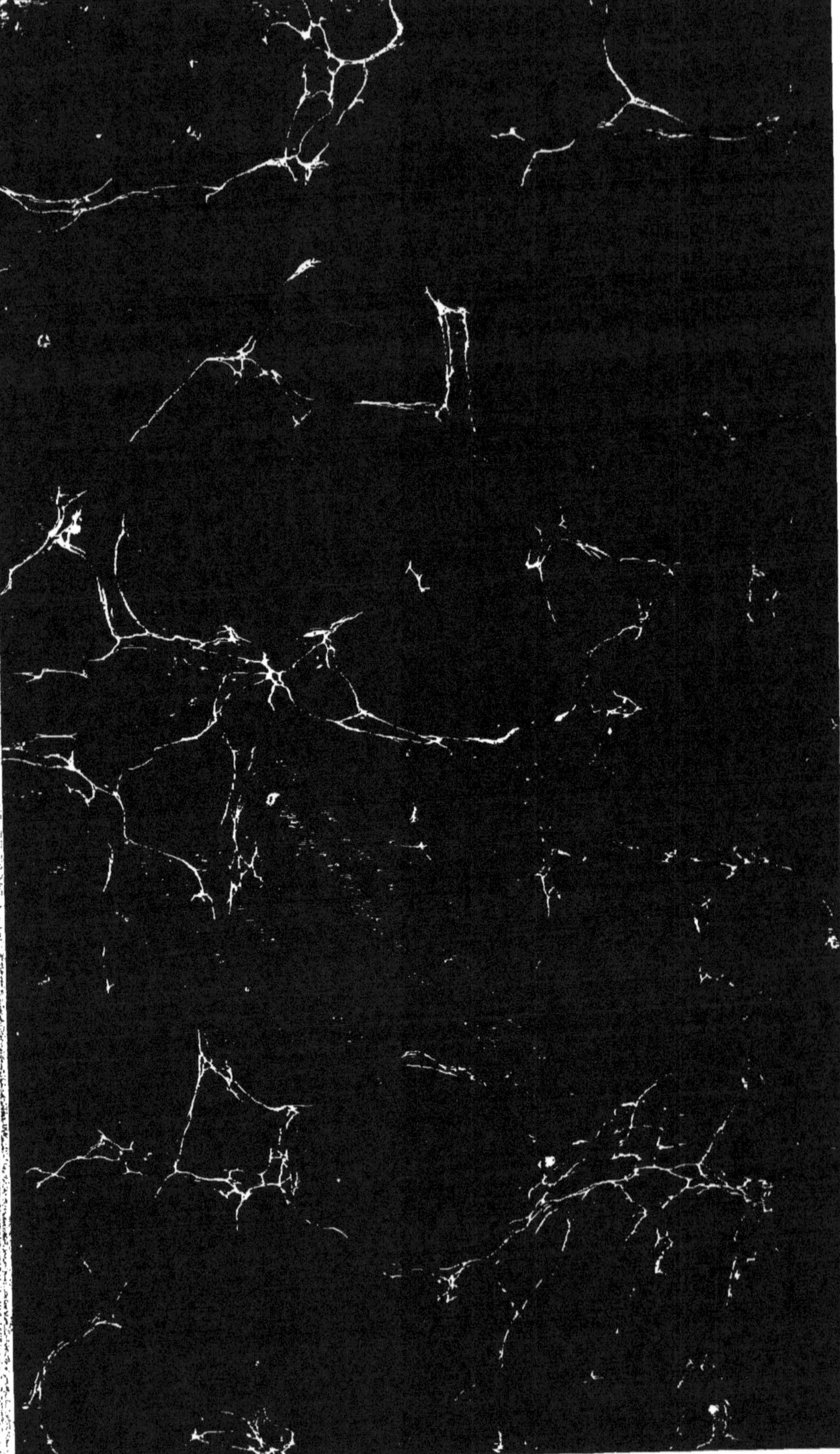

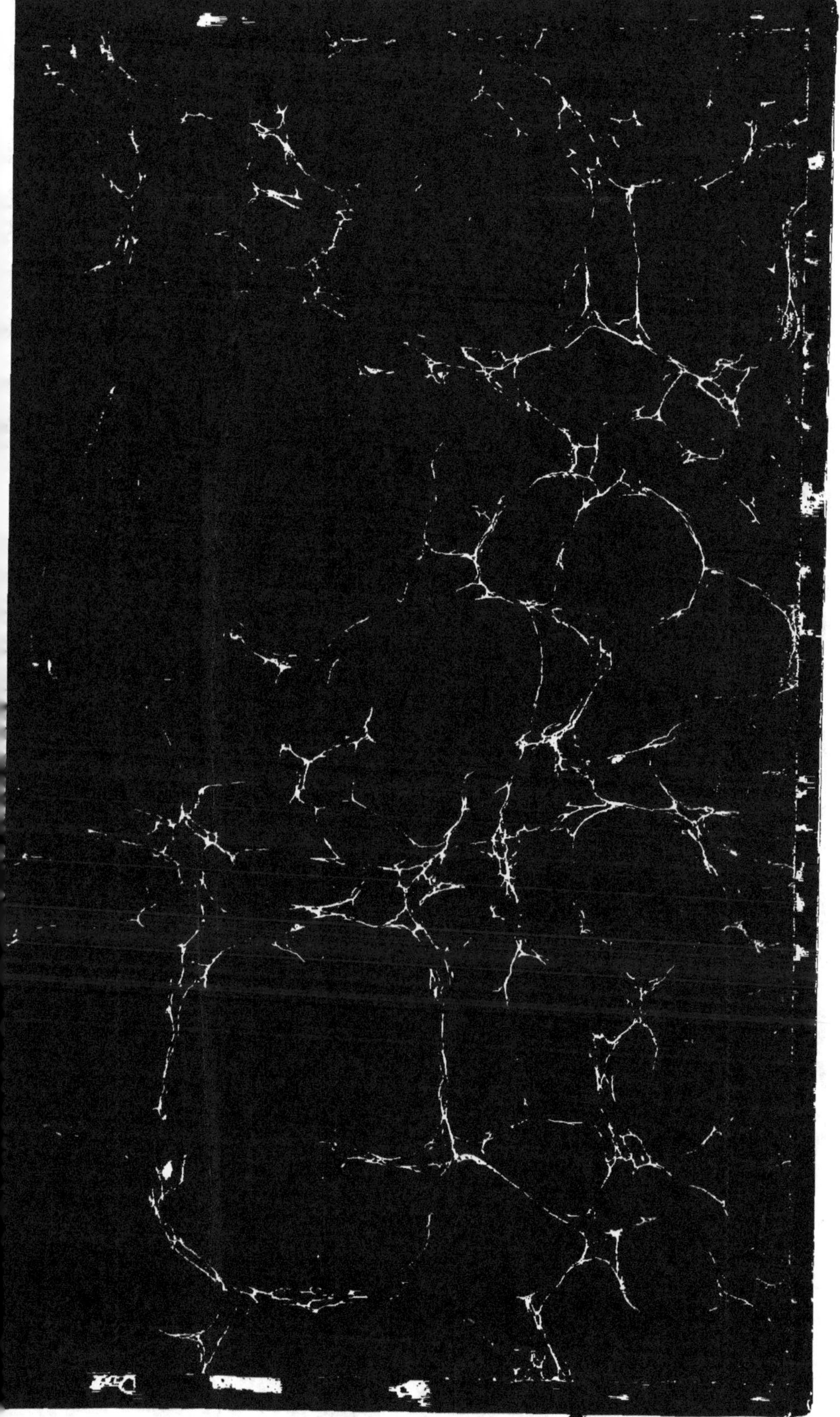

BIBLIOTHEQUE NATIONALE DE FRANCE
3 7531 00733494 0